《你可以裝單純
也可以有心機》

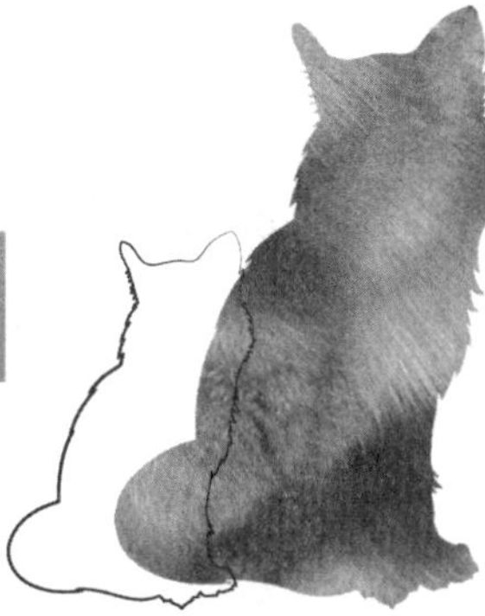

最有智慧的
人際交往
心理學

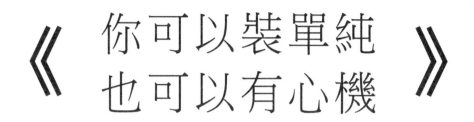

前言

想要掌握攻心之計？那你就得先好好學習心理學！

「心理學」這三個字是不是讓你產生了「高山仰止」的錯覺？是不是覺得「心理學」老是講些高深的理論，一點都不實用？是不是覺得這麼深奧的一門學問根本不是一朝一夕能學會的？千萬先別急著喊頭疼。

確實，如果僅僅把心理學當成一門理論來學習，捧著深奧的純理論書籍刻苦攻讀，那這個學習過程必然是枯燥、漫長且沒有針對性的。就像很多在英語考試中能拿滿分的孩子卻無法講出一句流利的英語，而有些人在國外生活過一段時間後就熟練的掌握了該國的語言。要想學以致用，我們最需要的是榜樣的力量。

在一些固有觀念中，我們似乎總會覺得善於與人相處的人心機太深、不夠善良，有人還會因此放棄經營自己的人際關係。但擁有一個健康的人際關係不僅有利於我們自己人生的發展，同時也是對他人的關心與善待。如果有一種溝通方式能讓我們在獲得利益的同時不傷害到他人的顏面與情感，那我們又何苦要放棄這種「雙贏」，反而選擇用笨拙的言行造成兩敗俱傷的局面呢？

本書中的每一則與人相處之道都是從古往今來「心理學達人」們的成功事蹟中總結而來，它們不僅僅是至情至理的大道理，更是值得效仿的人生真諦。不管你是初出茅廬的職場小蝦米還是身經百戰的管理人士，也不管你想從人際交往中得到物質的收穫還是感情的勝利，甚至你只是想為日常生活中糾結的小問題理出個頭緒，本書都可以為你開出對症下藥的處方——人際交往變得就這麼簡單！

目錄

Chapter 01 方圓心理學——掌握分寸

Chapter 02 心計心理學——令人心服口服

Chapter 03
布局心理學——智取勝利

Chapter 04
溝通心理學——見鬼說鬼話

Chapter 05 偽裝心理學——以退為進

Chapter 06 糊塗心理學——大智若愚

Chapter 07

權威心理學——取得他人信服

CHAPTER 08

影響力心理學——獲得他人支持

Chapter 09
撫慰心理學——重振受挫靈魂

Chapter 10
辦公室心理學——超級吸引力

Chpater

1

方圓心理學 ╳ 掌握分寸

心方人圓，是在人群生存的基本原則

不管是處世為人，還是人際交往，都需要講求方圓之道，這樣不僅能使自己的內心坦蕩豁達，也能讓他人心中圓滿而人際順暢。

方中有圓，圓中有方，是為人的因果定律，又是大自然的法則。《易經》中說：「天行健，君子以自強不息。」又有：「地勢坤，君子以厚德載物。」在這裡，圓，象徵著運轉不息、周而復始的天體；方，象徵著廣大曠遠、寬厚沉穩的地象。

晚清重臣張之洞就是一位善用方圓之道處世交際的名人。他少年時很聰慧，身形似猿，傳說為將軍山靈猿轉世；榜中探花，歷任湖北、四川學政，山西巡撫，兩廣、湖廣、兩江總督，官至體仁閣大學士、軍機大臣。

張之洞可算是一位性格剛烈、鐵骨錚錚的人，然而他辦事卻十分圓融。在他就任山西巡撫時，當時泰裕票號的孔老闆表示要送一萬兩銀子給他。張之洞婉言謝絕了孔老闆的好意。可是當他考察了當地的情況之後，發現山西受罌粟的荼毒很嚴重，於是決心剷除山西的罌粟，讓百姓重新種植農作物。而改種農作物需要一筆費用，但山西連年乾旱、歉收，加上貪官污吏的中飽私囊，拿不出救濟款發放給老百姓。這時，他第一個想到的就是孔老闆。

他想，如果說服孔老闆把銀子捐出來，為山西的百姓做善事，以銀子換美名，他或許會同意。經過商談，孔老闆表示願意捐出五萬兩銀子，但必須滿足他的兩個條件：一是讓張之洞為他的票號題寫一塊「天下第一誠信票號」的匾額，二是要捐個候補道台的官銜。

剛開始張之洞覺得孔老闆的這兩個條件都不能答應，因為自己對他的票號一無所知，又怎麼能說它是天下第一誠信的票號呢？第二，他認為捐官是一樁擾亂吏治的大壞事。可是不答應他，又到哪裡去弄五萬兩銀子呢？

經過反覆思考，張之洞決定採用折中迂迴的手段，答應為孔老闆的票號題「天下第一誠信」的匾額，這六個字意味著：天下第一等重要的美德就是誠信二字，並不一定是說他們泰裕票號的誠信就是天下第一。

至於他的第二個要求，張之洞最後給自己找了一個臺階：一來，捐官的風氣由來已久，不足為怪；二來，即使孔老闆做了道台也不過是得了個空名而已。再者按朝廷規定，捐四萬兩銀子便可得候補道台。於是，張之洞以這種退讓的方式為山西百姓募來了五萬兩銀子，可謂造福一方。

孔子在《論語》裡稱讚史魚說：「直哉！史魚。邦有道如矢，邦無道如矢。」

意思是說不管環境如何，無論社會動亂還是安定，他的言行永遠都像箭一樣，尖銳而正直。我們不要曲解孔子的話，「直哉」是說一個人做人要心地方正、端直，不可以圓滑，但處世交際要圓融，要注意方式方法。說話辦事也直來直去，別人就接受不了，事情也沒辦法辦成。

《易經》中也反覆強調「天圓地方」，眾人為天，天圓就是處世要圓融，要有智慧；心田為地，地方就是心地方正，要有操守。

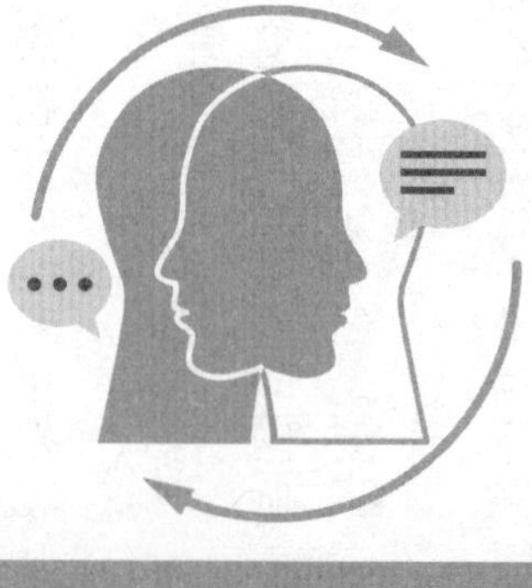

剛柔並濟，才能讓貴人靠近

剛柔相濟是一種順暢處世的管理方法，也是一種處理人際關係、拿捏人際心理的方圓之道。它可使激烈的爭論停下來，也可以改善氣氛，增進感情；可以使賢人親近，使小人畏懼。

在中國古代，極具智謀的軍師諸葛亮，就深諳剛柔並濟的成功之道。

前秦苻堅三五七年即位後，任用漢人王猛治理朝政，富國強兵，在近二十年的時間內，先後攻滅前燕、仇池、代、前涼等割據政權，佔領了東晉的梁、益兩州，把整個黃河流域和長江、漢水上游都納入了前秦的控制。為了爭取支持者，他對各族上層人物極力寬容和籠絡，如鮮卑族的慕容垂、羌族的姚萇，都毫不見疑的委以重任。

對苻堅這一做法，謀臣王猛曾多次勸說苻堅對那些異族重臣要有所制約，甚至還不止一次利用機會，設法除掉這些人。但苻堅迷信自己對他們的恩義，阻止他這麼做。

在鮮卑貴族慕容垂、慕容泓相繼謀反後，苻堅面責仍在自己手中的原前燕國主慕容暐說「卿欲去者，朕當相資。卿之宗族，可謂人面獸心，殆不可以國士期也。」在慕容暐叩頭陳謝之後，他又說：「《書》云，父子兄弟無相及也。……此自三豎之罪，非卿之過。」但是，慕容暐並未為苻堅這一套所感化，在暗中仍企圖謀殺苻堅來回應起兵復國的慕容氏鮮卑貴族，後來陰謀敗露才被苻堅擒殺。苻堅這才後悔不聽王猛的忠諫，但這時大局已無法挽回了。

西元二一四年，劉備奪取四川後，諸葛亮在協助劉備治理四川時，立法「頗尚嚴峻，人多怨歎者」，當地官員法正提醒諸葛亮，對於初平定的地區，大亂之後應「緩刑弛禁以慰其望」。諸葛亮認為自己的做法並沒有錯，他對法正說，四川的情況，與一般不同。自從劉焉、劉璋父子守蜀以來，「有累世之恩，文法羈縻，互相奉承，德政不舉，威刑不肅。蜀土人士，專權自恣，君臣之道，漸以陵替」。現在如果我用在他們心目中已失去價值的官位來拉攏他們，以他們已經熟視無睹的「恩義」來使他們心懷感激，是不會有實際效果的。所以，我只能用嚴法來使他們知道禮義之恩、加爵之榮，「榮恩並濟，上下有節，為治之要」。

這正如曾國藩所指出的：「人不可無剛，無剛則不能自立，不能自立也就不能自強，不能自強也就不能成就一番功業。」剛就是使一個人站立起來的東西，剛是一種威儀，一種自信，一種力量，一種不可侵犯的氣概。由於有了剛，那些先賢們才能獨立不懼，堅韌不拔。剛就是一個人的骨頭。

人也不可無柔，無柔則不親和，容易會陷入孤立，四面楚歌，自我封閉，拒人於千里之外。柔就是使人站立長久的東西。柔是一種魅力，一種收斂。總之，只有剛柔並濟才可以左右逢源。

用「外柔」降低別人的「防備」

外柔內韌的人往往能在人際場上遊刃有餘，因為外表柔能夠降低別人的防備係數，容易被人所接受，而內在強韌又是成事的主要心理因素，有助於事業的發展。

人要想成事，就要注意培養外柔內韌的性格，尤其是女人，為什麼呢？原因就在於這是社會的需要，性格無論內外皆剛強固然很好，但是如果能培養自己外表柔軟，內心卻韌性十足，則既可以讓你不得罪人而辦成很多事，又能很好地把握和堅持自己的辦事原則降低別人的「防備係數」。自古以來高明的政治家，都會選擇用這種手法來從政，從不因為一時的氣憤而自斷生路。

宋朝開國時期的一位著名宰相趙普，曾在太祖、太宗下為相數十年，且不說趙普的貪婪和弄權，但這個人的性格非常堅韌，在推舉賢能這一方面也頗有作為。

宋代初年，太祖遇某官出缺，他叫宰相趙普擬名，趙普擬定一人，但太祖不喜歡這個人，因此拒絕了。哪知道接連幾天，趙普每日都舉薦這個人。太祖一怒之下，把這名紙撕了，擲在地上，顯然是無聲地罵趙普多事。趙普臉不紅、氣不喘，也沒有羞憤不已，而是無聲地把地上的廢紙撿起來。

過了一兩天，太祖又要趙普擬名，趙普早把前日撿起的破紙用糨糊黏貼了攜帶在身邊，隨即又把這紙送上，然後站在那裡一動也不動。太祖驚訝地問道：「為何還是此人？」趙普遂解釋這人的優點，太祖終於被說動了，起用了此人。

趙普勸太祖納賢，雖然被太祖拒絕了，但他並沒有氣餒，也沒有選擇用「據理力爭」的方式來頂撞太祖，因為畢竟生殺大權在太祖的手裡。他採取的是軟硬兼施、無聲抗議的方式，既顯現了自己的堅決，又達到了讓太祖納賢的目的。他這種韌性十足、堅持不懈的心理素質，的確是我們應該培養的。不過運用這種「軟硬兼施法」也要注意分寸，以免傷害對方的情感，收到反效果。

好的心理素質，能讓你成功地控制情緒，以適應各種生存環境，對於辦事的成功與失敗，有著舉足輕重的影響。所以我們應該學會鍛鍊心智，做到處變不驚，遇變不形於色，才能更好的縱橫於生活上的各種圈子當中。

好事做盡，人緣卻越來越差？

如果你總是在幫別人，使人感到無法回報或沒有機會回報的時候，愧疚感就會讓受惠的一方選擇疏遠。因而，留有餘地，好事不應一次做盡，這也是平衡人際關係的重要準則。

小惠有位很好的朋友小莉。小莉的家庭生活並不幸福，她在家經常與婆婆產生摩擦，因而導致了與丈夫的關係也不和諧，夫妻倆經常吵架。小惠每次聽小莉聲淚俱下地控訴完婆婆與丈夫的不是之後，感覺到小莉那份難受時，小惠的心中也一樣難受萬分，卻沒有辦法來幫她解決。眼看自己幫不了好朋友的忙，小惠也悶悶不樂，心情差到極點。小惠也曾在心裡一遍遍勸誡自己：小莉有困難她自己會解決的，自己沒必要也跟著痛苦不堪。然而，一遇到小莉有什麼事，小惠卻又煩躁不安。這種過度為他人操心和受他人影響的心理情緒，在心理學上稱為「心理捲入程度過高」。

心理捲入程度過高是指個人在心理上與環境資訊的關聯程度過高。例如，在人際交往中，有人會過分地關心朋友的事情，朋友遇到困難了，他比朋友還憂心忡忡；

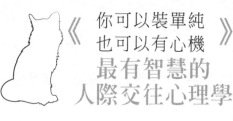

朋友辦事出現問題，他比朋友還內疚和自責。

心理捲入程度過高的人，很容易受到外界環境的影響，總是把自己和周圍的環境聯繫在一起，導致情緒波動大，行為控制不當，進而出現心理問題或人際關係障礙。造成心理捲入程度過高，主要是因為當事人不自信，比如特別在乎別人的評價，擔心遭到別人的否定和排斥。此外，由於個體心理獨立性發展不完善，個人的狀況和心理狀態易受環境和他人的影響。再者，是因為缺乏必需的社會知覺和人際交往技巧，不會恰當地判斷事件與自己的關聯程度以及自己的行為可能給對方造成的影響。解決心理捲入程度過高的問題，一是要信任別人，相信別人能為自己的事負責、能解決好自己的問題，不要越俎代庖，負自己不該負的責任。

二是加強自信和獨立性，有自我價值觀與生活支撐點。只有消除在心理上對他人的依賴，才能駕馭自己的生活和情感。許多初涉社交圈中的人常犯的一個錯誤就是「好事一次做盡」，以為自己全心全意為對方做事會使關係融洽、密切，事實上並非如此。因為人不能一味接受別人的付出，否則心理會感到不平衡。「滴水之恩，湧泉相報」，這也是為了使關係平衡的一種做法。「過度投資」不給對方喘息的機會，是會讓對方的心靈窒息的。留有餘地，彼此才能暢快地呼吸。如果你想幫助別人，而且想和別人維持長久的關係，那麼適當地給別人機會，讓別人有所回報，就不至於因為內心壓力而疏遠了雙方的關係。

不爭才是上爭，共生才能安生

要想在人際場中做到靈活應對、遊刃有餘而無憂無患，就必須與世無爭，與世共生。因為不與人爭才能無憂，與人共生才能得到安生。

在風景如畫的美國加州，年輕的海洋生物學家布蘭姆做了一個十分重要的觀察實驗。一天，他潛入深海後，看到了一個奇異的場面：一條銀灰色大魚離開魚群，向一條金黃色的小魚快速游去。布蘭姆以為這條小魚在劫難逃了。然而，大魚並未惡狠狠地向小魚撲去，而是停在小魚面前，平靜地張開了魚鰭，一動也不動。那小魚見了，便毫不猶豫地迎上前去，緊貼著大魚的身體，用尖嘴東啄啄西啄啄，好像在吸吮什麼似的。最後，牠竟將半截身子鑽入大魚的鰓蓋中。幾分鐘以後，牠們就分開了，小魚馬上潛入海草叢中，而那大魚輕鬆地追趕著自己的同伴去了。

此後數月布蘭姆進行了一系列的跟蹤觀察研究，他多次見到這種情景。看來，現象並非偶然。經過一番仔細觀察，布蘭姆認為，小魚是「水晶宮」裡的「大夫」，牠是在為大魚治病。

布蘭姆把這條魚「大夫」捉住，剖開牠的胃，發現裡面裝滿了各種寄生蟲、小魚以及腐蝕的魚蟲。牠為大魚清除傷口的壞死組織，啄掉魚鱗、魚鰭和魚鰓上的寄生蟲，這些髒東西都成了魚「大夫」的美味佳餚。這種合作關係對雙方都有好處，生物學上將這種現象稱為「共生」。

在這個例子中，我們看到了生物之間彼此依靠、共棲共生的生存事實，特別是魚「大夫」與其他魚類之間那種溫情的共存關係，不由得讓人感到一絲溫馨。與人相比，人類的種種行徑卻顯得非常醜惡，為了一時的名利爭得你死我活，過著群雄逐鹿的生活。合作是維持秩序、克服混亂的重要法則，一旦要各自居功、互不相讓，這個法則必然遭到破壞，世間的秩序將無從談起。

老子說：「只有無爭，才能無憂。」利人就會得人，利物就會得物，利天下就能得天下。從來沒有聽說過，獨恃私利的人，能得大利的。所以善利萬民的人，如同水滋潤萬物而與萬物無爭，不求所得。所以不爭之爭，才是上爭的策略。庸人不知，所以樂與相安；明白人知道，卻也不怎麼樣。所以老子說：「只有不爭，所以天下無有能與他相爭的了。」這就是虛己無我的作用。

「處處綠楊堪繫馬，家家有路到長安」，事事斤斤計較、患得患失，事事強出頭，只會讓自己活得更累。當你同別人爭名奪利時，你也成了別人的眼中釘、肉中刺。

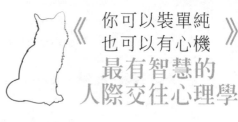

未到出頭時，「能」要有尺度

人的心理是很難掌握的，在人際關係中，如果一個人能力太弱就不會被重視，但是如果表現得太強又會遭人妒忌而受到打擊。因此要講求方圓之道，未到出頭之時，即使再有能力也要掌握表現的尺度。

眾所周知，帝王在選擇太子時心理是很矛盾的。太子仁弱一點吧，怕將來繼位後缺乏駕馭眾人的能力；太子賢明一點吧，又怕眾望所歸會危及自己。宋太宗見到自己的太子頗得人心，就曾酸溜溜地說：「人心都歸向太子，欲置我於何地？」皇帝既有這種心態，太子委實難處：不能不得人心，也不能太得人心；不能太不及父皇，也不能太勝過父皇，這中間的尺寸確實是很難掌握的。

隋煬帝的兒子楊暕就因為掌握不好這個尺度，而與父皇產生隔閡。總體來說，造成他們父子失和的主要有兩件事：

第一件事是為了一個美女。有一次，樂平公主告訴隋煬帝，有個女子十分漂亮，但不知為什麼隋煬帝聽後無所表示。過了一段時間，樂平公主以為隋煬帝對此人不感興趣，就把她推薦給了太子楊暕。楊暕馬上把她納入後宮。後來隋煬帝忽然記起這事，就問樂平公主：「妳上次說過的那個美人現在在哪裡？」樂平公主回答說：「已經被太子納入後宮。」

這件事本身是不能全怪楊暕，他不可能每得到一個美女都先請示一下父皇是否感興趣。樂平公主是這件事的始作俑者，按理隋煬帝問起，她原可以將始末和盤托出。但這樣一來，就有可能引起煬帝對她的不滿。所以，當隋煬帝再度問起這件事，她意識到自己捅了簍子，只好含糊地說一句「在太子那裡」，似乎與自己無關。

第二件事是因為打獵。隋煬帝去狩獵，命令楊暕率領一夥侍從參加。狩獵的結果是楊暕獵獲頗豐而隋煬帝一無所得。隋煬帝龍顏大怒，認為自己在眾人面前丟了面子。一問左右，左右侍從害怕隋煬帝遷怒，推說是獵物被楊暕手下一夥人阻擋，所以打不到了。隋煬帝因此猜忌起楊暕來，認為他是為了想出風頭，於是處處尋找楊暕的不是。

俗話說「欲加之罪，何患無辭」，何況太子本非聖人，結果太子的名號也就無法保留了。隋煬帝父子間從此結怨，直到後來宇文化及起來謀反，派人分別去囚禁、殺害隋煬帝父子時，隋煬帝還認為是楊暕派人來抓自己的，而楊暕也認為是隋煬帝派人來殺自己的，父子至死都無法消除誤會。

其實，不只是太子繼承王位，在職場、商場等現實競爭、處世的環境中，未出頭時能有度。因為能力太強，容易招人妒忌；處處出頭，更容易受到打擊。但做人做事又不能太過於羸弱，顯得太無能也會危及自己的生存。所以，我們必須把握能而有度的方圓之道，特別是在個人力量沒有達到強大之時。

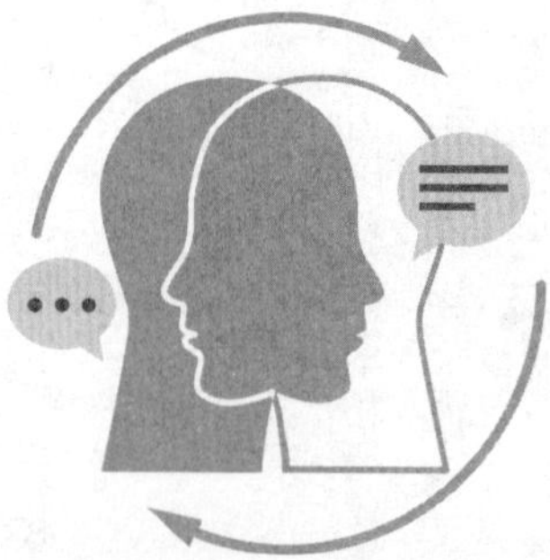

等距離交往才能在夾縫中生存

所謂「等距離外交」，就是指無論在工作上或生活上，你與所有的人都大致保持相同的距離，大都處於關係均衡的狀態。因為你處在夾縫中得罪不起人，不採取這種方圓策略，你就將面臨危險。

清代掌故遺聞的彙編《清稗類鈔》中記載了這樣一個故事：

清朝末年，陳樹屏做江夏知縣的時候，張之洞在湖北做督撫。張之洞與湖北巡撫譚繼洵（「戊戌六君子」之一譚嗣同的父親）關係不太融洽，多有衝突。有一天，張之洞和譚繼洵等人在長江邊上的黃鶴樓舉行公宴，當地大小官員都在座。後來，有人談到了江面寬窄的問題，譚繼洵說是五里三分，曾經在某本書中親眼見過。張之洞沉思了一會，故意說是七里三分，自己也曾經在另外一本書中見過這種記載。

督撫二人相持不下，誰也不肯丟自己的面子。於是張之洞派人把當地江夏縣衙縣令招來斷定裁決。知縣陳樹屏，聽來人說明情況，急忙整理衣冠飛騎前往黃鶴樓。他剛剛進門，還沒來得及開口，張、譚二人同聲問道：「你管理江夏縣事，漢水在你的管轄境內，知道江面是七里三分，還是五里三分嗎？」

陳樹屏對兩人的過節已有所耳聞，聽到他們這樣問，當然知道他們這是借題發揮。但是，張、譚二人他誰都得罪不起，所以肯定任何一人都會使自己陷入困境。他靈機一動，從容不迫地拱拱手，言語平和地說：「江面水漲就寬到七里三分，而水落時便是五里三分。張制軍是指漲水而言，而中丞大人是指水落而言。兩位大人都沒有說錯，這有何可懷疑的呢？」張、譚二人本來就是信口胡說，聽了陳樹屏這個有趣的圓場，撫掌大笑，一場僵局就此化解。

與之類似，我們有時也會無端地被捲入對立的兩派之間，而兩邊又都得罪不起。於是，這時候就得用點博弈的智慧：在博弈中能否獲勝，不單純取決於彼此的實力，更重要的是取決於博弈方實力對比所形成的關係。也就是說，等距離外交，誰也不得罪。這是夾縫中求生存的高招。

也許你會認為，這種等距離、誰也不得罪的策略是一種牆頭草的行徑，做人應敢於挺身入局，表明自己的立場。其實，等距離策略不過是一種博弈手段，其目的是為了在衝突的最初階段更好地保護自己，並且在將來挺身入局的時候能夠佔據更為有利的地位。所以，它不是牆頭草的行徑，而是一種智慧的選擇。

虛與委蛇，在形勢不利時全身而退

智者曾告訴人們：跟君子相處平平淡淡，跟小人相處應該保持一定的距離，跟壞人相處應該見機行事，想得越周到越好。其實，這句話的精髓即是告訴我們，做人一定要懂得虛與委蛇的圓熟之道。

東晉明帝時，中書令溫嶠備受明帝的親信、大將軍王敦的妒忌。王敦於是請明帝任溫嶠為左司馬，歸王敦所管理，準備等待時機除掉。

溫嶠為人機智，洞悉王敦所為，便假裝殷勤恭敬，綜理王敦府事，並時常在王敦面前獻計，藉此迎合王敦，使他對自己產生好感。

除此之外，溫嶠還特意結交王敦唯一的親信錢鳳，並經常對錢鳳說：「錢鳳先生才華能力過人，經綸滿腹，當世無雙。」錢鳳聽了這讚揚心裡十分高興，和溫嶠的交情日漸加深。透過這一層關係，王敦對溫嶠戒心漸漸解除，甚至引為心腹。

不久，丹陽尹辭官出缺，溫嶠便對王敦進言：「丹陽之地，對京都猶如人之咽喉，必須有才識相當的人去擔任才行，如果所用非人，恐怕難以勝任，請你三思而行。」

王敦深以為然，就請他談自己的意見。溫嶠誠懇答道：「我認為沒有人能比錢鳳先生更合適的了。」王敦又以同樣的問題問錢鳳，因為溫嶠推薦了錢鳳，礙於面子，錢鳳便說：「我看還是派溫嶠去最適宜。」這正是溫嶠暗中打的算盤，果然如願。王敦便推薦溫嶠任丹陽尹，並派他就近暗察朝廷中的動靜，隨時報告。

溫嶠接到派令後，馬上就做了一個小動作。原來他擔心自己一旦離開，錢鳳會立刻在王敦面前進讒言而讓王敦召回自己。於是，他在王敦為他餞別的宴會上假裝喝醉了酒，歪歪倒倒地向在座同僚敬酒。敬到錢鳳時，錢鳳未及起身，溫嶠便以笏（手板）擊錢鳳束髮的巾墜，不高興地說：「你錢鳳算什麼東西，我好意敬酒你卻不敢飲。」王敦以為溫嶠真的喝醉了，還為此勸兩人不要誤會。

溫嶠去時，突然跪地向王敦叩別，眼淚汪汪。出了王敦府門又回去三次，好像十分不捨離去的樣子，弄得王敦十分感動。

溫嶠剛上任，錢鳳真的晉見王敦說：「溫嶠為皇上所寵，與朝廷關係密切，何況又是皇上的舅舅庚亮的至交，實在是不能信任的。」

王敦以為錢鳳是因宴會上受了溫嶠的羞辱而惡意中傷，便生氣斥責道：「溫嶠那天是喝醉了，對你是有點過分，但你不能因這點小事就來報復嘛！」

錢鳳深自羞慚，快快退出。溫嶠終於擺脫王敦的控制，回到建康，將王敦圖謀叛逆的事報告了明帝；又和大臣庚亮，共同計畫征討王敦。消息傳到武昌王敦將軍府，王敦勃然大怒：「我居然被這小子騙了。」然而，畢竟無可奈何，鞭長莫及，更無法挽救失敗的命運了。

溫嶠在處理王敦、錢鳳等人的關係中，運用一整套嫻熟的處世技巧，不但保護了自己，而且在時機成熟時，對敵人又主動出擊，絕不手軟。在官場經營，類似溫嶠式的人物，一般都不會失敗。這讓我們從中讀出了有益的智慧。

做人固然需要正直，但是如果不知變通，就有可能碰釘子，甚至會遭到不測。人的工作環境，有時候是無法選擇的，在危險或尷尬的環境中工作，頭腦一定要靈活，遇事該方則方，不該方時就要圓熟一些，尤其在遇到將要對己不利的形勢時，應將剛直不阿和委曲求全結合起來，可隨機應變，先保護自己以屈求伸。

少言多思，要做的比說的多

日常生活中，一個人光說不做、只會說話不能付諸行動，久而久之，只會讓人生厭。多說話比起多做事往往給人以誇誇其談的印象，倒不如少說話，踏踏實實地多做實事則讓人感覺勤奮踏實，值得信任。一個人只有做的比說的多，少言多思，才能取得成就。

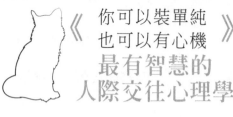

不知道你是否有這樣的感觸：當你想用言辭來給人們留下深刻印象的時候，你說得越多，你這個人看起來就越是平淡無奇，你所能控制的也就越少。這是因為，你說得越多，說出更多愚蠢的話的可能性也就越大。很多時候，如果你能把話說得隱晦一點，神祕一些，多給人留一點遐想，那麼即使你是老調重彈，別人也會覺得你的見解獨到。正如那些有權力的人，總是說得很少，他們給人的印象卻很深刻，而且總是能威懾到別人。

提起「劉羅鍋」——劉墉，人們腦海裡立刻出現一個聰明機智、正直勇敢的人物形象。他憑著自己的正直和聰明周旋於危機重重的封建官場，左右逢源，遊刃有餘。但很少有人知道，劉墉也曾遭遇重大轉折，受到乾隆皇帝的責備，本該獲授的大學士一職也旁落他人。究其原因，不過是劉墉守口不密，說話不周，釀成了禍患。

一次乾隆談到一位老臣去留的問題，說若老臣要求退休回籍，乾隆也不忍心不答應。劉墉便將這話洩露給了老臣，而老臣真的面聖請辭。乾隆大為惱火，認為這是劉墉覬覦補授大學士的明證，是「謀官」的明證，因而訓斥一通，將大學士一職改授他人。足見，言語謹慎對於一個人立身、處世具有很重要的意義。處世戒多言，多言必失。與世人相處切忌多說話，說話太多必然有失誤。說話犯了隨便胡扯的毛病就會聽起來荒誕不經；說話犯了煩瑣囉唆的毛病就會使人感到支離破碎，不得要領。說話不小心會招致禍患，行動不謹慎會招來侮辱，君子處世應當謹慎。

「言多語失」，說話應謹慎，捨棄那些不可說的話，即使是可以說的話也應該按需要的程度，能省則省。要知道，雖然有時你說話並無惡意，但對聽者而言，卻可能傷及他的自尊心。司馬遷作為一代偉大的歷史學家，他在《史記》中這樣評價漢代名將李廣：「《論語》上說過位居於上的人行為端正，不發命令，下屬也會效法他的行為去做；位居於上的人行為不端正，即使下了命令，也不會有人遵照去做，這說的就是李廣將軍這類人。我見過李廣將軍，他誠信忠厚，簡單像個鄉下人，不善於談吐。可是當他逝世的時候，天下無論是認識或不認識他的人，都因為他的死而哀痛不已。這是他忠誠篤實的品質取得了人們對他依賴的緣故！」所以，「逢人只說三分話，未可全拋一片心」還是很有道理的。

學做貓頭鷹，不做無謂之爭

很多時候，我們沒必要去跟別人計較長短，生活中，該睜一隻眼閉一隻眼時，就不必一定要去爭出個什麼道理。

阿強大學剛畢業時，有一次參加朋友的婚禮。席間有一位年輕人在說明新郎與新娘的關係時，用了「青梅竹馬」這個成語。但他為了誇耀自己的博學，還念出了這首詩：「郎騎竹馬來，繞床弄青梅。」不過，這位年輕人卻搞錯了，他所念的這首詩是唐代詩人李白所寫的《長干行》，而他卻誤以為是宋代女詞人李清照所寫的詩。阿強當時年輕氣盛，又認為中國文學是他的特長，為了誇耀這點，阿強毫不客氣地當著眾人的面，糾正那人的錯誤。可是不說還好，這樣一說，那人反倒更加堅持自己的意見了。

就在阿強和他爭論不休時，恰巧看見自己的大學老師坐在隔壁桌，阿強的這位老師是專攻唐代文學的博士，現在任教的課程也都是與詩有關。於是阿強和那個年輕人去找阿強的老師評一評理，那個年輕人也聽過阿強的老師的大名，所以同意讓阿強的老師當裁判。阿強和年輕人都把各自的論點說完，老師卻只是靜靜地聽著，然後在蓋著桌布的桌下，用腳輕踢了阿強一下，態度莊重地對阿強說：「你錯了，那位先生說的才對。」

回家的路上阿強越想越不服氣，阿強不相信老師這麼有學問的人，竟會忘記這首詩，一到家就從書架上找出《唐詩三百首》，第二天阿強連班都不上了，拿著書去學校找老師，要他還自己一個公道。

在教授研究室裡阿強遇到老師，還沒等阿強把書拿出來與他爭辯，老師就先說了：「你昨天說的那首詩是李白的《長干行》，一點也沒錯。」這時阿強更納悶了，一臉的不解，老師看了看阿強溫和地說：「你說的一切都對，但我們都是客人，何必在那種場合給人難堪？他並未徵求你的意見，只是發表自己的看法，對錯根本與你無關，你與他爭辯有何益處呢？在社會上工作別忘記這點，永遠不和人作無謂的爭辯。」「永遠不和人作無謂的爭辯」，這句話從此成了阿強的座右銘。

「永遠不和人作無謂的爭辯」，這句話能讓你在即將發生爭論的場合熄滅內心的怒火。仔細想想，即使我們真的辯論勝了，那麼我們又真能得到什麼嗎？其實，都是好勝心在作怪。在人際關係中與人為善，善待別人，就是善待自己，與其與人爭論，不如找自己的錯誤。

在爭論中，並不會產生勝者，所有人在爭論中都只能充當失敗者，無論他（她）

願意與否。因為，十之八九，爭論的結果都只會使雙方比以前更相信自己絕對正確；或者，即使你意識到自己的錯誤，卻也絕不會在對手跟前俯首認輸。

不過，心服與口服沒法達到應有的統一，人的固執性，將雙方越拉越遠，一直到爭論結束，雙方的立場已不再是開始時的並列，一場毫無必要的爭論造成了雙方可怕的對立。所以，天底下只有一種能在爭論中獲勝的方式，那就是避免爭論。

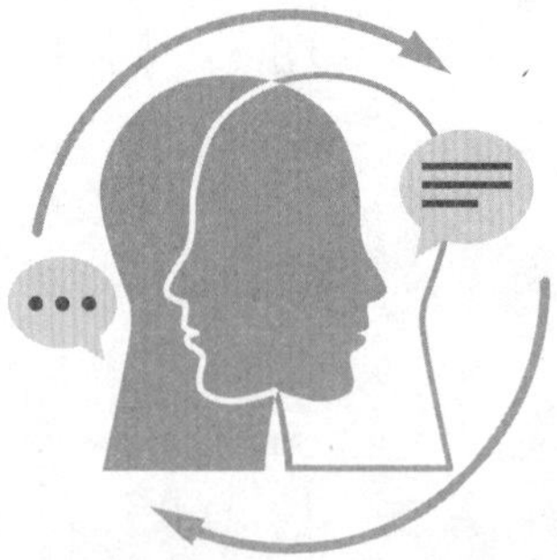

Chpater 2

心計心理學 × 令人心服口服

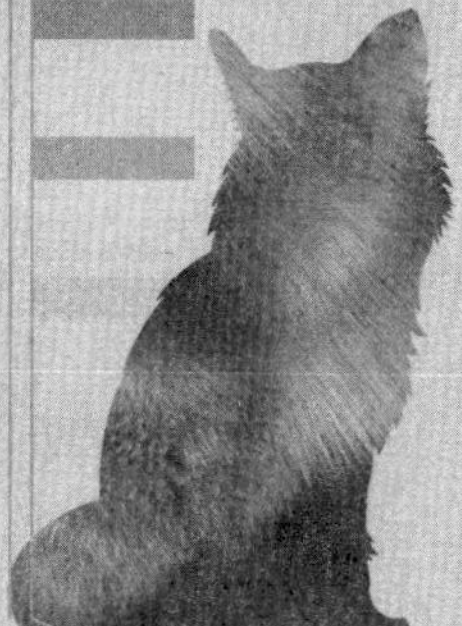

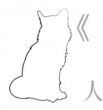

恩威並施，才能讓小人都佩服

對待不同的人要用不同的交際策略，因為每個人的處世心理都不相同。對待明理之人就該施以恩惠，對待無理之人則施之以威，這樣才能在交際場中無往不利。

人都是有血有肉有感情的，因此，一般情況之下，只要我們能以誠相待、將心比心，多為對方考慮，就很容易說服他按照我們的意思辦事。但當我們需要說服的對象無理取鬧、頑固不化時，我們不妨施之以威，採取恩威並施之策略。唯有如此，我們的說服效率才會更高。

明太祖朱元璋在明朝初定之時，西南少數民族並不完全歸服，一則天高皇帝遠，中央勢力鞭長莫及；二則少數民族與中原漢族素有隔閡，因此，對此邊遠之地維持有效統治並非易事。

當時，朝廷駐貴州鎮守的都督馬燁趁水東、水西兩邦改換首領之機，想「改土歸流」，廢掉水西、水東土司，改制郡縣。因此，他將水西的女土司奢香抓來，鞭撻凌辱，欲以此挑起雲南水東、水西諸邦怒氣，來製造出兵藉口。

此事一出，水部四十八部彝民都紛紛欲反，這使明太祖認識到武力強行並不能解決問題，對待雲南各部還要採取撫慰政策。這樣一來，可藉機讓土司交出部分權力，去除各部與內地交通之屏障；二來可成就仁君之美名，收買人心，得到百姓擁戴。儘管馬燁也一片忠心，但這回不得不成為明太祖政治手腕的犧牲品。

明太祖接待了水東土司劉淑貞，聽其訴說馬燁的劣跡和世代守土之功。馬皇后也召見了劉淑貞，並傳喚設宴進京入朝，予以撫慰。這使劉淑貞和奢香很感動。明太祖進一步問：「汝誠苦馬都督，吾為汝除之，然何以報我？」明太祖已打算用馬燁的性命換取二位土司的歸順。奢香說：「願世世代代皆諸羅，令不敢為亂。」

明太祖斬馬燁的同時，冊封奢香為順德夫人，劉淑貞為明德夫人。可謂極盡恩賜之能事。但明太祖心中有數，過於親近厚待必定會使其得意忘形，不服管教，並以為朝廷懦弱。因此，朱元璋仍留了一手。

當奢香、劉淑貞歷經回歸時，明太祖命令沿途官府在兩路中央陳設兵力，安排武備設施，以震懾二女，讓其明白朝廷並非軟弱可欺，而是具備相當實力，若舉兵反叛，下場將不會很好。

明太祖的這種恩威並施的做法可謂明智至極，效果也極佳，對其冊封厚待，使二位邦主領略了中央愛民之仁德；對其耀武陳兵，又使他們明白朝廷的威德。奢香等回去後，將朝廷兵力告知各部，於是眾部心中頓生敬畏之情，歸順之心日強。

需要注意的是，當我們使用恩威並施的方法之時，一定要注意考察對手的相關情況。如果對方具有豐富的經驗，並且整個說服的形勢對自己不利而對對手有利，那麼，恩威並施的方法難以達到預期效果。反之，在整個形勢對己有利而對對方不利的時候，特別是對方缺乏足夠的經驗，或者對方對達成某項協定心情較為迫切的情況下，一般效果甚佳。

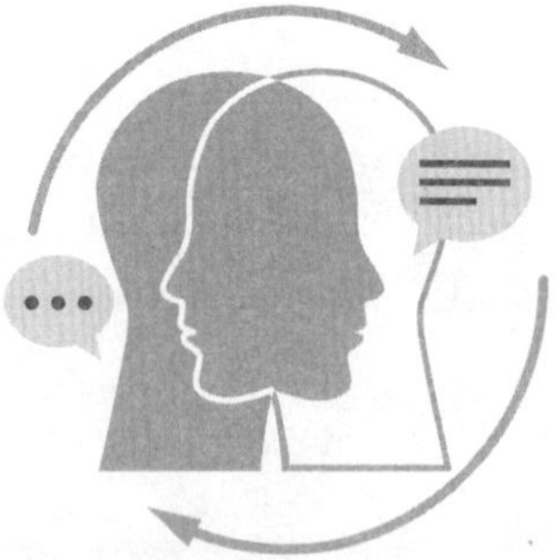

分散小權才能獨攬大權

對於大事，領導者都要抓準抓好，一抓到底。一般說來，大事只占百分之二十，處理好這一部分大事，管人就會事半功倍了。

管理者並不意味著什麼都得管，應該大權獨攬，小權分散，做到許可權與權能相適應，權力與責任密切結合。什麼都做的管理者是什麼都做不好的。

《韓非子》裡有這樣一個故事：

魯國有個人叫陽虎，他經常說：「君主如果聖明，當臣子的就會盡心效忠，不敢有二心；君主若是昏庸，臣子就敷衍應酬，甚至心懷鬼胎，但表現上虛與委蛇，然而暗中欺君而謀私利。」

陽虎這番話觸怒了魯王，陽虎因此被驅逐出境。他跑到齊國，齊王對他不感興趣，他又逃到趙國，趙王十分賞識他的才能，拜他為相。近臣向趙王勸諫說：「聽說陽虎私心頗重，怎能用這樣的人料理朝政？」趙王答道：「陽虎或許會尋機謀私，但我會小心監視，防止他這樣做，只要我擁有不致被臣子篡權的力量，他豈能得遂所願？」趙王在一定程度上控制著陽虎，使他不敢有所逾越。陽虎則在相位上施展自己的抱負和才能，終使趙國威震四方，稱霸於諸侯。

趙王重用陽虎的例子給我們現代管理者的一個啟示就是，領導者在授權的同時，必須進行有效的指導和控制。這樣既可以充分地利用人才，又可以避免因下屬異心而導致管理上的危機。

「用人不疑，疑人不用。」領導者要做好授權，就應當放手讓下屬去做，不隨意干預下屬的工作，這樣才能充分提高下屬的積極性，激發出下屬的潛能。

領導者在用人時，要做到既然給了下屬職務，就應該同時給予其職務相稱的權力，放手讓下屬去做，不能處處干預，只給職位不給權力。但是需要注意的是，在工作中也不能只「講人情」。當我們在工作中出錯時，我們的同事、上司、朋友沒有指出我們的錯誤，沒有告訴我們它的危害，反而拍著我們的肩頭說沒事，為我們隱瞞了事實，這就是「講人情」。

「講人情」在管理工作中是不允許的，它會讓員工受到蒙蔽，不知道自己工作的真正成效，不瞭解自己的缺陷和不足，長此以往，只會使員工自滿自大、不思進取。

英國首相邱吉爾曾說，「制度不是最好的，但制度卻是最不壞的」。遠大空調董事長張躍說，「有沒有完善的制度，對一個企業來說，不是好和壞之分，而是成與敗之別。沒有制度是一定要敗的。」在今日競爭日益的商業社會，制度才是克敵制勝的根本之道。對於任何企業管理者而言，要創一番大業，成一代企業家，一定要多琢磨一下那句老話「無規矩，不成方圓」，一定要「完善制度和標準」，鍛造企業制勝的「祕密武器」。

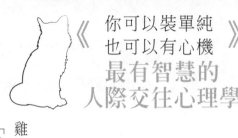

氣勢奪人，從心理上震懾他人

> 真正的強者，震懾的是人的心理，而不是肉體。注重內心的修行，鍛造自己的氣勢，也能不戰而勝。不戰而屈人之兵是最大的勝利。

古代，有一位專門訓練鬥雞的名手叫紀消子。一天，君王讓他代為訓練一隻鬥雞，十天過後，君王詢問訓練情況：「進展如何？是否近日可用？」紀消子回答道：「時機尚未成熟，牠殺氣騰騰，一上場即橫衝直撞。」

又過了十天，君王再度詢問，但紀消子還是回答說：「不成！牠只要一聽到鬥雞的叫聲，便馬上鬥志昂揚，無法控制自如。」

又過了十天，君王又來詢問此事，說：「怎樣了？現在該可以了吧！」紀消子仍然搖頭，說：「還不行，牠只要看見鬥雞的身影，便立刻來勢洶洶，火爆蠻鬥。」

最後十天很快過去了。君王走到紀消子面前時，終於得到了紀消子滿意的答覆：「大功告成！如今牠置身競技場，不論其他的鬥雞如何挑其怒氣，煽其鬥志，牠都如木雞一樣，無動於衷。這就是內心充滿『德行』的證據。現在，無論什麼樣的鬥雞遇見牠，莫不落荒而逃。」

軍事上講究「攻城為下，攻心為上」，說的就是心理博弈在競爭中的重要性。一個真正的強者是不會將威嚴流於表面的，他震懾的是人的心理，給人一種高不可測的「距離感」，使人無法真正瞭解他的內心世界，認為聽從他也許是最好的選擇，讓人不得不屈服、跟隨。強者不聲張，不傲氣，給人一種捉摸不透、神祕兮兮的感覺，正是這種感覺，彰顯了他們的人格魅力，讓人心甘情願地敬畏、崇拜。內心沉穩、不怒自威才是真正的內心氣勢。

紀消子不愧為一個鬥雞高手，他將鬥雞培養成大智若愚的木雞，鍛造了鬥雞的內心氣勢，讓別的鬥雞充滿恐懼，不戰自敗。人也應該同鬥雞一樣，不要稍微有點能力就四處賣弄、不可一世，輕易隨便只會流露出無知的本質。自我魅力的修養要靠長時間的鍛鍊才能形成。

面對激烈的競爭，我們不要急於與對手搏鬥，而要注重氣勢的培養。急於求成不但不利於競爭，而且會讓我們一敗塗地。韜光養晦、引而不發，培養自己內心深沉、淡泊名利的品質，當我們的修行到了一定境界的時候，內心的威懾力就會自然而然地流露出來，不需要激烈的競爭，我們的對手便會甘拜下風，失去了反抗抵觸的心理。

如今，很多企業的領導者都屬於「木雞」型，他們在團隊中能產生強大的影響力。這是因為這類人平時雖然話語不多，可是一旦出口則句句都很有道理。所以他們說話總是「惜字如金」，要嘛不說，要說一定說到點子上，並產生效果。做一個強者、智者，不需要豪言壯語，只需要不怒自威的氣勢。

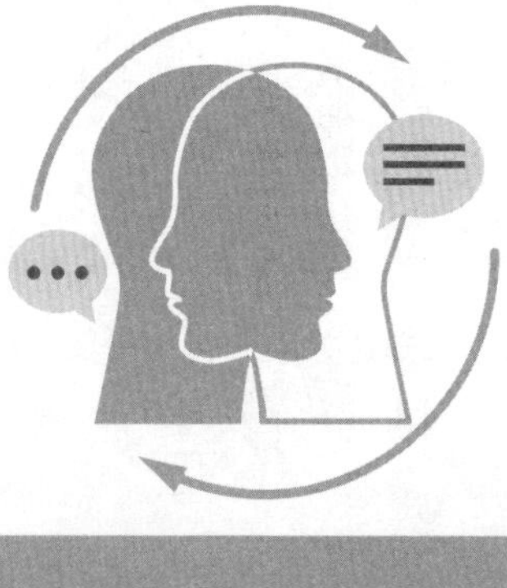

適時使用不傷道德的「詐」

當你與同樣精通運用心計的人相處，並且準備施行厚黑之術時，一定要防止對方同樣的招數，用比對方更高明的心計手段制服對方。比對方偽裝得更巧妙，假裝看不出對方的招數。但千萬別忘了，對方在任何時候骨子裡藏著的都一定是奇狠無比的「黑心」，一旦有機會，絕對要毫不猶豫的「從背後下暗手」。

《孫子兵法》中說：「故兵以詐立，以利動，以分和為變者也。」意思是，用兵作戰是以詐謀權術為其策略基礎、以是否有利為行動原則，並以具體情況的變化靈活掌握兵力分散或集中為原則的。孫武從師鬼谷子，也講求做人的原則和忠信，但是在作戰的時候，他卻非常明確自己的態度，那就是要適時地「壞」一下，學會使用「詐」，變化戰術以應敵人。在孫子看來，凡是不傷及道德的「詐」，都大可用之。

吳王闔閭即位以後，大膽起用伍子胥、孫武等外來的傑出人才，積極謀劃大業，想要攻佔楚國。當時楚國因長期征戰，不但國力中衰，內部政治也走向黑暗，從整體上看，楚較之吳仍處在優勢地位。因此，當闔閭第一次提出大舉攻楚的戰略計畫時，軍師孫武即以「民勞，未可，待之」的理由推辭了。但闔閭並沒有消極地守株待兔，他首先消滅了徐和鐘吾兩個小國，為伐楚掃清了道路。

接著採用了伍子胥提出的「疲楚誤楚」的計畫：將吳軍分為三支，輪番出擊，騷擾楚軍，一直堅持了六年，以達到麻痺楚國的目的。六年以來，楚軍被「調戲」習慣了，對吳軍的行動放鬆了警戒。西元前五〇六年秋天，楚國向蔡國發起圍攻，於是吳國抓住時機，與他們聯盟，一舉攻下楚國。柏舉之戰以吳軍的輝煌勝利而告終。

吳軍長期製造混亂，讓對方一開始就沒有積極應戰的警覺，後來以大軍進攻，正是一種「詐」。在待人處世中，任何時候都要切切牢記：對待對手不僅不能手下留情，而且還要落井下石。心計心理學要告訴你的就是，千萬不要中途罷手，趁火打劫，狠狠削弱他的實力，直到他不可能東山再起，將他永遠逐出你的領域，使其不會對你造成傷害。不管他們裝出多麼友善與可憐的樣子，你都不要心慈手軟。

總之，「婦人之仁」有時會成為一個人很大的負擔，甚至是致命傷！應為在眼淚、溫情、請求、孩子似的無辜與可憐之下，你將成為最大的受害者。因此，心計大師提醒你：一定要把自己的臉皮貼厚，將「婦人心」換上一顆凶巴巴的「黑心」。

用「苦肉計」，制伏狡猾的人

「苦肉計」是中國歷史潛規則中不可忽視的一條。在面對狡猾的對手時，唯有多付出一些代價，才能將之制伏。

吳王闔廬是派人暗殺了吳王僚後才登上王位的，僚的三個兒子逃亡在外，吳王闔廬以為大患，日夜難安。

一日，闔廬對大臣伍子胥說：「僚的三個兒子，以慶忌最為剛烈勇猛，聽說他在外網羅部屬，發誓要為父報仇，打回吳國，此人不可不除啊。」

伍子胥於是把要離舉薦給吳王闔廬，說他能幫助吳王建成大業。闔廬見要離身材短小，形象醜陋，與他想像的志士相去甚遠，不禁大為失望。要離不卑不亢地對闔廬說：「善於殺人者靠的是智慧而不是體力，善於謀叛者依仗的是騙取信任而不是明鬥，我若能親近慶忌，讓他引為心腹，殺他豈不是輕而易舉的事嗎？」闔廬被要離的話打動，馬上以禮相待。三人計議多時，終於形成了謀刺慶忌的方案。

次日，在朝堂上，伍子胥上奏吳王請求派兵伐楚，並且推薦要離擔任伐楚將領。

吳王闔廬故意不屑地說：「要離手無縛雞之力，豈可為將？他這個人無德無能，寡人只是可憐他才將他留在朝中。何況吳國剛剛安定，如果出兵打仗，寡人還有安穩的日子可享嗎？此議絕不可用。」

群臣啞言，這時要離卻仗義直出，他指著吳王闔廬的鼻子大罵吳王連一個承守信諾的百姓都不如。吳王闔廬大怒色變，當即命令力士砍斷了要離的右臂，將其打入死牢。要離的妻小也被吳王拘拿。

幾日後，伍子胥密令獄中看守放鬆對要離的看管，讓要離乘機逃出。闔廬把要離的妻小殺死，焚屍於吳國的鬧市，使這件事人人皆知。

要離逃出吳國，他一路趕奔衛國投靠慶忌。慶忌見了要離，聽他哭訴之後，慶忌還是不肯相信他，他對心腹說：「闔廬恨我不死，誰知這是不是他主使的苦肉計呢？」

但後來他得知要離的妻小被殺之事，慶忌疑慮頓消，認為要離捨棄妻小性命，只為騙他信任於理不通。於是視要離為心腹，讓他為自己謀劃歸國大事。要離見自己和闔廬、伍子胥謀定的計策成功，於是打鐵趁熱，力勸慶忌及早發兵，奪回王位。慶忌對他言聽計從，出動全部兵卒，順江而下，向吳進軍。

慶忌在指揮船上，要離手持長矛侍立其旁。慶忌指指點點，得意非凡，要離趁其不備，一矛刺透了慶忌的心窩。闔廬的心腹大患解除，吳國的局面最終安定下來。

雖然「苦肉計」得逞，但闔廬等人殺死要離妻小之舉太過慘無人道和泯滅人性，並不適用於今天的法制社會。施苦肉計並不需要付出如此大的代價，只要能達到接近目標的程度即可，我們可要自己拿捏好分寸。

雖然把自己的真實用心掩藏起來，有時要付出一些的代價，但不做必要的犧牲，狡猾的對手就難以消除疑慮。採用這種辦法欺騙敵人，在對手意想不到之處打動他，用最忠心的人也難以做到的事觸動他，任何人都會失去理智，也就是順應著他那柔弱的性情達到目的。

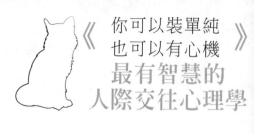

利用誘導法，吸引對方上鉤

人們在辦事時，要想爭取對方應允或幫忙，就應該設法引起對方對這件事情產生積極的興趣，或者設法讓對方感覺到辦完這件事後會得到自己感興趣的利益。很顯然，人們對什麼事情有興趣或認為什麼事情有滿意的回報，就會樂於對什麼事情投入感情，投入精力，甚至投入資金，這種辦事方法就叫做情趣誘導法。

我們在求人辦事特別是陌生人時，對方能不能答應你的要求，能不能全力幫助你把事情辦成，關鍵是什麼？關鍵在他心裡是怎麼想的。他的心理世界是怎麼想問題，就決定了他對你提出的事情是幫忙還是不幫忙。

心理學家告訴我們，人們怎樣想一件事情完全是外在情趣和利益誘惑的結果。比如他對甲問題感興趣或者想獲得甲，他就會說對甲有利的話，也會做對甲有利的事；反之，他便具有原始的不自覺拒絕注意的心理。也就是說，人們要想求人幫忙就需要利用情趣誘導激發對方的興趣才不會遭到拒絕。

但需要注意的是，利用情趣誘導法必須讓對方感到自然愉悅，深信不疑，才會大有希望，只有利用情趣或利益把對方吸引住時，對方才肯為你的事情付出代價。

曾有這麼一則寓言：

有位車夫拉著車上橋，橋很陡，走到半路實在拉不動了。他急中生智，用力頂著車把，放聲唱起歌來。他這一唱，前面的人停下來看他，後面的人想看看發生了什麼事。快走著追上他，而車夫則乘機央求大家幫著推車，大家一齊用力，車就推上了橋。

車夫瞭解人們好奇圍觀的心理，所以他不靠蠻力一個人拼死拉車，而是靠在車把上唱歌，如果他沒有辦法召集人來推車，就算他用盡力氣也不能把車拉上橋。

這位車夫的求人策略堪稱高超過人，無與倫比。本來是求人幫忙，結果卻成了別人自覺自願的行為，求人求得不露聲色，渾然無跡。這就告訴我們在求人幫忙時，有時「央求不如婉求，勸導不如誘導」，要想誘導，首先就要引起別人的興趣，讓對方帶著一份興趣來為你盡力。

現實中，我們在請人幫忙時，如可以透過對工作的介紹，激發對方的好奇和興趣，誘導其深入地瞭解工作的原理，和目前所面臨的困難，那麼，就很可能使對方暫時忽略利益上的得失，因而慷慨解囊。

需要注意的是，利用這種方法讓其達到最終目的，還應懂得一個訣竅，就是要學會循序漸進。向人有所請託，應由小到大，由微至著，由淺及深，由輕加重才是，如果一開始就有太大的請求，一定會遭受對方斷然拒絕。可見，學會循序漸進，一點一點引別人接受，一點一點誘別人上鉤，既是求人辦事的小技巧，也是嫁接成功的大原則。

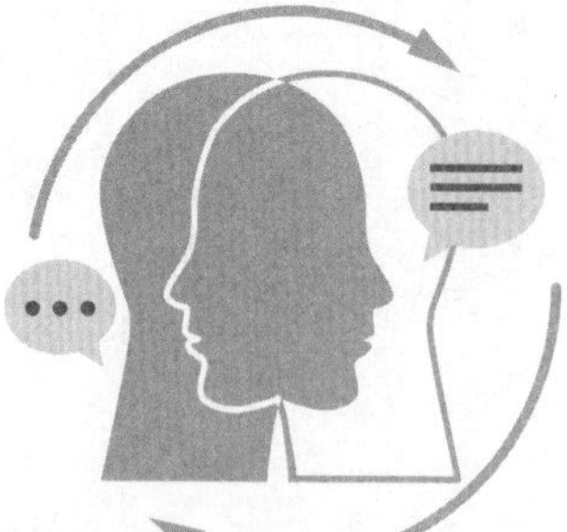

練就厚臉皮，交際無障礙

臉皮太薄恐怕是影響人開拓交際圈的主要障礙。如果從交際的需要出發，讓自尊心保持一定的彈性，把握好尺度，就能在交際場合上左右逢源，遊刃有餘。

小王是一位初學寫作的文學青年，花了半年時間寫了一篇小說。他信心十足地來到編輯部，沒想到一個編輯看過後，直搖頭，當著很多人的面說：「你這寫的是什麼？連句子都不通順，哪裡像小說！……」說得他滿臉通紅，本想回敬一句：「你仔細看了嗎？」可是，他忍住了，反而以請教的口氣說：「我是第一次寫小說，還希望老師給予指正。」

從編輯部回來後他並沒有洩氣，反而更加奮發圖強，寫完後又厚著臉皮去找這個編輯。這一次編輯的態度也變了，提了一些修改意見。後來小說發表了，他和編輯還成了朋友。

所謂「臉皮」不過是人自尊心的一種通俗形象的說法。心理學認為，自尊之心，人皆有之，人的尊嚴不容冒犯。自尊是一種精神需要，是人格的內涵。從一定的意義上來說，維護自尊是人的本能和天性。在現實生活中，自尊心的強弱會因人而異。有的人自尊心特別強，把面子看得高於一切，其實是虛榮心在作祟。

臉皮不妨厚一點，並不是不要個人的尊嚴，而是說要把握適當的角度，當然，在一些特定的問題，特定的場合，為了維護尊嚴，必須進行針鋒相對的對抗，至於有人極力維護的自尊，實際上是在維護自己的虛榮心，是一種不健康的心理。所以，要對自尊心進行分析，要維護真正的積極的自尊，不要維護虛偽的消極和自尊。這樣，當我們出現在社交場上，才能恰當地把握自尊的彈性，成為交際的強者。

古往今來，從東方到西方，有許多利用厚臉皮獲得成功的事例。他們之所以能夠成功，就是因為他們練就了刺不進、穿不透的厚臉皮，保護著他們免遭旁人所有可能的非難。仔細觀察，社會上那些利用厚臉皮獲得成功者，可以發現厚臉皮有三個層次：

其一，雖然臉皮像城牆一樣厚，卻可以被戳穿。誰見到他們都能發現他們的厚臉皮，此乃厚臉皮的初級選手。

其二，臉皮不僅既厚又硬，並且吃得油光發亮，看起來很吸引人。此種厚臉皮者，讓人感覺是可以信賴的人，在不知不覺中為其所利用，此乃厚臉皮的中等高手。

第三，臉皮厚得無形，根本看不出來。這是最高層次的厚臉皮者。修煉到這一層次的人看起來都是一些有德行的人，他們能夠不顧一切地利用他人追求自己的目標，同時，被他們利用的人還頌揚他們的美德。此乃厚臉皮的頂尖高手。修煉到這個地步的人通常認為，為了獲勝，沒有不能付出的代價，只要能夠贏得勝利，即使損害別人的利益也是在所不惜，反正目的就是一個——成功。

《你可以裝單純
也可以有心機》

最有智慧的
人際交往
心理學

Chpater

3

布局心理學×智取勝利

剔除身邊不利於自己的棋子

「世異則事異，事異則備變」，提示我們必須要以發展的眼光來看待問題，在棋局中，在人生中，都是如此。只要沒到最後一步，永遠都會有許多的可能發生，所以必須要無時無刻都保持高度的警惕性，及早發現對自己有威脅的、不利的人或事物，然後迅速出手先發制人。

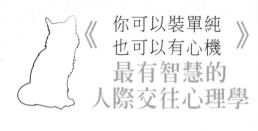

韓非子是中國古代著名的哲學家和散文家。他是很有實力的「潛力股」，尤其是他所提出的法家思想，非常適合當時的時代需要，原本他有機會可以成為一個朝廷的重臣，將他的思想用於輔佐君王治理國家。但是這「潛力股」在大展拳腳之前，就已經被一個深諳棋局的「黑子」先發制人踢出了局，這顆「黑子」就是李斯和姚賈。

韓非子原先所處的韓國，在當時是一個很弱小的國家，經常會受到鄰國的欺淩。韓非子曾多次上疏韓王，提出變法圖強的計策，但始終未被採納。不被重用的他，只得轉向著書立說，希望可以藉此，來宣傳自己的思想，獲得世人的認可。秦王嬴政讀了他的文章，非常欣賞他。於是便加緊攻打韓國，韓王面對如此嚴峻的形勢，不得不起用韓非子，並派他出使秦國。韓非子來到秦國，上疏秦王，陳述利弊，勸嬴政先伐趙，緩伐韓。

此時，李斯正是步步高升的時刻，秦王對韓非子的喜愛程度，讓他意識到了自己的危機，他怕自己的地位終會被韓非子所取代。幸而，嬴政因國事繁忙，只和韓非子見過幾次面，還沒有機會深談，嬴政也還沒有決定是否留用韓非子。

這時，秦國的大臣姚賈，也想要將韓非子解決掉。在姚賈剛入仕時，曾到韓國謀事，與韓非子惺惺相惜，成了朋友。後來，姚賈到趙國謀事，聯合各國對抗秦國。兩人同仇敵愾，關係也隨著升級，成了至交。然而，不久之後，姚賈投奔秦國，兩人的關係隨之決裂。此後兩人還因為韓非子在親王面前對姚賈結下了仇怨。姚賈也在努力想辦法，除掉自己的這顆眼中釘，於是他便和李斯結成了同盟，他們先發制人，以一局便解決了韓非子。

他們二人在嬴政面前一起詆毀韓非子，與嬴政分析利弊，說韓非子日後會幫助韓國對付秦國。嬴政因極其欣賞韓非子，而決定在統一六國後，加以重用。但聽了李、姚二人話，又覺得確實有些道理。經這二人的再三說服，最後嬴政便下令讓司法官調查韓非子，然後給他定罪。看管韓非子的獄吏接到的命令是：「讓韓非子說出他削弱秦國，挽救韓國的實情。」這個命令無異於將韓非子的性命交給了那些獄吏。最後，韓非子每日承受著身體的侮辱和折磨。終於，他的忍耐到達了極限，吃下了李斯派人送來的毒藥，含恨而亡。而李斯則在意識到危機的時候，果斷出手，解決了自己的隱患，除掉了一個潛在的對手，保住了自己的地位。

　　人生如棋，如果看到一顆可能不利於自己的棋子出現，就要即刻將它踢出局，不能等到它真正威脅到自己時才有所行動。簡單來說，就是「先發制人，後發者制於人」。

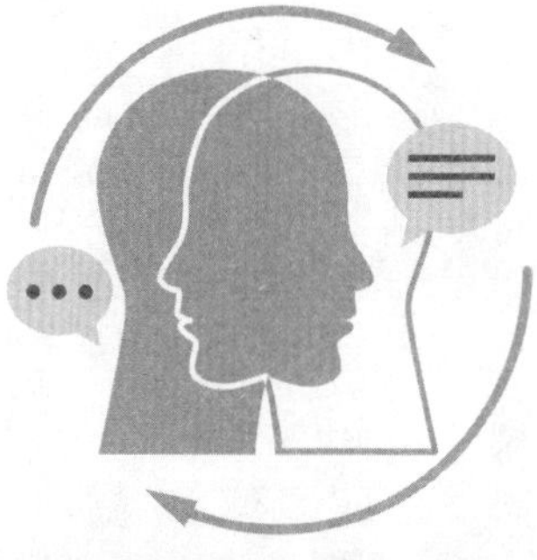

以其人之道還治其人之身

「以其人之道，還治其人之身」意為：用那個人對付別人的辦法返回來對付那個人自己。這種慕容家的傳世武功，不單是一種招式，它還是一種非常有用的處世之道和解局之道。

來俊臣是唐朝武則天時期著名的酷吏，曾任司僕少卿、侍御史、左台御史中丞等職，因告密而得到武則天的信任，成為武則天權力鬥爭中的爪牙。他利用請君入甕之局還治周興，可謂是局道中的一大經典。

武則天登基後，決心除掉那些反對她的唐朝宗室和大臣。可是反對她的人都躲在暗處，要如何知曉呢？於是，她在都門設立了「銅匭」，下令任何人都可以告密，不論大小官吏，普通百姓，只要發現有人謀反，都可以將告密信扔進「銅匭」之中，由專人取出，由她直接閱讀，以此來誅殺行為不軌或對她不服的大臣。這樣一來，告密的人越來越多，逐漸形成了誣告之風。

一個胡族將軍索元禮，因告密而得了個官職，他是一個極其殘忍的傢伙，不管有沒有證據，先用刑罰逼犯人供出同謀。犯人受不住酷刑，便會胡亂編一些假口供，因而，株連越來越廣，案情越辦越大，升官至推事一職。有些官吏看到索元禮得到賞識和重用，便紛紛效仿，其中最殘酷的是周興和來俊臣這兩個酷吏。

周興因為害人太多，而激起了民憤。一天，武則天接到一封告密信，說周興與人串通謀反。武則天聽後，大吃一驚，即刻下了密旨，命來俊臣逮捕周興和審訊此案。來俊臣深知周興是辦案的老手，要讓他招供絕不是一件容易的事情。於是他布下了一個局，請周興到自己家裡來飲酒，好讓他自己招供。

席間，來俊臣不斷地恭維周興，稱他是唐朝第一辦案高手。之後，便十分誠懇地向他請教：「最近抓了一批犯人，種種刑具都已用過，可是他們還是不肯招供，您看該怎麼辦呢？」正被來俊臣誇得飄飄然的周興，不假思索地說：「這還不簡單。我最近就想出一個好辦法：取一口大甕，用炭火在它的四周烘烤，然後把不肯招認的囚犯放進甕中，慢慢地燒烤，看他招不招！」

來俊臣聽了，樂得拍手稱妙，當即便命人搬來一口大甕，並在四周架起了炭火。炭火熊熊地燒著，烤得整個廳堂的人禁不住流汗。

周興不明所以地問：「難道你要在這裡審訊罪犯？」來俊臣站起身，拉長了臉說：「現有皇上密旨，有人告發周兄謀反，請您入甕吧！」效果比預料的還要好，周興跪在地上，不住地磕頭求饒，很快便把來俊臣所需要的口供詳詳細細地交代清楚了。來俊臣根據他的口供，定了死罪，隨後便上報了武則天。

武則天念及周興為她立下的汗馬功勞，而且也不相信周興是真的謀反，便赦免了他的死罪，下令將他流放到嶺南。但因周興幹的壞事多，結下了許多的仇家，在半路上，就被人暗殺了。

來俊臣本是也是一個酷吏，他非常瞭解周興的風格和特色，知道用自己的方法未必可以解決武則天交給自己的任務，所以設了一個非常巧妙的局，讓周興自己布個局，然後再將他置於這個局之中。這可是經典代表了「以其人之道，還治其人之身」這句話。但多行不義必自斃，雖然他運用了「以彼之道，還施彼身」的計策，但他的種種惡行都會變成通向滅亡的路。

卑鄙的人最害怕的就是遇見比他還卑鄙的人，無賴的人最害怕的就是遇見比他還無賴的人，就像烏龜怕鐵錘，就是因為鐵錘比龜殼硬。我們在面對對手時，首先要看清楚自己的對手是一個什麼樣的角色，瞭解對手的特點和習性，然後，以比他更高一個級別的方式來面對他，這便是勝過對手的好方法之一。

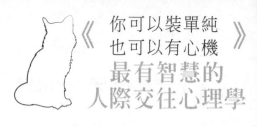

巧放煙幕彈，狡兔有三窟

「水至清則無魚。」意思是說清澈的水潭裡如果有魚，早就被人用盡辦法撈走了，其實做事情也一樣，如果沒有計謀，被人一眼看透，那麼這件事的成敗就可想而知了。

做人應有城府，做事要有「心計」，像狡兔那樣有三個窟，這樣才能在處處「險惡」的社會環境中生存下來。就拿商場來說，在這些沒有硝煙的戰爭中，商人必須懂得「偽」、「詐」之術，懂得巧放煙幕彈的道理。

一九三六年，四川發生旱災，糧食吃緊。各大糧商乘機囤積居奇，重慶糧價頓時一漲沖天。當時漢口糧價依舊平穩，但因為交通和社會治安的問題，由漢口運糧至重慶出售，不但難以獲利，弄得不好還會虧本，所以重慶糧價一直居高不下。被尊為麵粉大王的鮮伯良，為解重慶之危，經過一番辛苦籌謀之後，帶了三千包麵粉親自從漢口趕往重慶。

鮮伯良抵達重慶之後，第二天便依常規去走訪各大糧商。糧商見麵粉大王親臨「寒舍」，當然喜出望外，熱情備至。但在每一家糧商客廳裡，當麵粉大王與糧商談興正濃的時候，麵粉大王的高級助理總會匆匆跑來遞給他一紙合約後，在麵粉大王耳邊神祕細語一番。

就這樣，鮮伯良在輕描淡寫中把重慶的頭號特大新聞一字一句地灌進了每個大糧商的耳朵裡：麵粉大王將從漢口源源不斷地運糧來幫助重慶渡過乾旱之年。

對糧商來說，這無疑是平地驚雷。接著，鮮伯良開始將從漢口帶來的三千包麵粉低價出售。糧商們這一下更急了，爭先恐後放棄了囤積居奇的美夢，開始競相減價拋售。

沒多久，重慶復興麵粉公司的倉庫裡堆滿了低價糧食，而等到糧商們突然發覺自己手頭無糧食了，而漢口並未向重慶運糧時，便趕緊親自趕往漢口。沒料到，此時漢口的糧價竟比自己剛剛拋售的重慶糧價高得多了。而等到他們再次趕回重慶時，卻又發現重慶復興麵粉公司已經開始高價售糧了。

鮮伯良故意製造假消息「麵粉大王將從漢口源源不斷地運糧來幫助重慶渡過乾旱之年」，使各糧商判斷失誤，急於出售手頭囤積的糧食，因而解決了重慶的糧食危機。人生也是一樣，在人生殘酷的生存競爭中，也要像商人一樣懂得運用計謀，讓自己在這場「戰爭」中勝出。

　　事實上，在與他人交往或競爭的很多場合，故意透露虛假資訊，包括你下一步的計畫、當前的境況或資源、優勢與弱勢，等等，這樣蒙蔽對方，使其決策失誤，往往能讓你在不費很大力氣的情況下便可制勝，可謂是一條錦囊妙計。

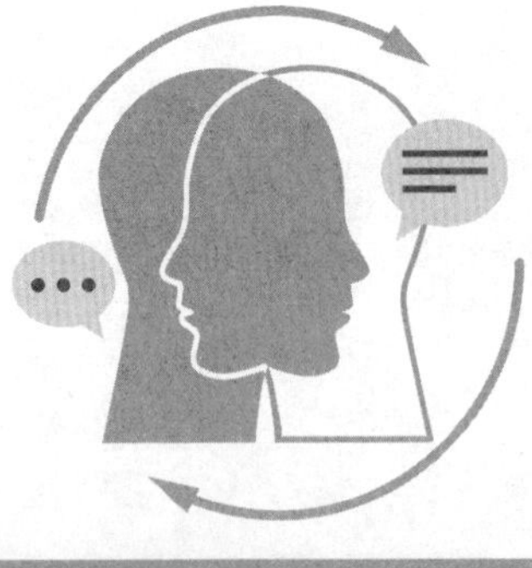

聲東擊西，讓對手難辨真偽

聲東擊西，即打即離，製造假象，引誘對方作出錯誤判斷，然後乘機殲敵的策略，在古今中外的戰爭中，是頗受歡迎的一種制敵策略。為了使敵方的指揮發生混亂，本不打算進攻甲地，卻佯裝進攻；本來決定進攻乙地，卻不顯出任何進攻的跡象。似可為而不為，似不可為而為之，敵方無法推知對方意圖，被假象迷惑，作出錯誤決斷。

東漢時期，班超出使西域，目的是團結西域諸國共同對抗匈奴。為了使西域諸國便於共同對抗匈奴，必須先打通南北通道。地處大漠西緣的莎車國，煽動周邊小國，歸附匈奴，反對漢朝。班超決定首先平定莎車。莎車國王北向龜茲求援，龜茲王親率五萬人馬，援救莎車。

班超聯合于闐等國，兵力只有二萬五千人，敵眾我寡，難以力克，必須智取。班超遂定下聲東擊西之計，迷惑敵人。他派人在軍中散佈對班超的不滿言論，製造打不贏龜茲，有撤退的跡象。並且特別讓莎車俘虜聽得一清二楚。

這天黃昏，班超命于闐大軍向東撤退，自己率部下向西撤退，表面上顯得慌亂，故意放俘虜趁機脫逃。俘虜逃回莎車營中，急忙報告漢軍慌忙撤退的消息。龜茲王大喜，誤認班超懼怕自己而慌忙逃竄，想趁此機會，追殺班超。他立刻下令兵分兩路，追擊逃敵。他親自率一萬精兵向西追殺班超。

班超胸有成竹，趁夜幕籠罩大漠，撤退僅十里地，部隊就地隱蔽。龜茲王求勝心切，率領追兵從班超隱蔽處飛馳而過，班超立即集合部隊，與事先約定的東路于闐人馬，迅速回師殺向莎車。班超的部隊如從天而降，莎車猝不及防，迅速瓦解。莎車王驚魂未定，逃走不及，只得請降。龜茲王氣勢洶洶，追趕一夜，未見班超部隊蹤影，又聽得莎車已被平定、人馬傷亡的報告，大勢已去，只有收拾殘部，悻悻然返回龜茲。

一招聲東擊西，打得敵人屁滾尿流，除了認輸，無可奈何。兵者講究「實則虛之，虛則實之」，看似打此處，吸引敵人的全部注意力，其實真正要攻打的卻是彼處，趁敵人不備而入，出奇制勝，便是兵之道。聲東擊西的策略不單在行軍之中有用，生活處事，職場商戰，一樣是不可多得的對策。

被稱為美國紐約華爾街第一人的摩根，在南北戰爭中與人合作祕密走私黃金，故意放出他的合夥人在走私黃金的風聲，讓官方將目光盯在了合夥人身上，他則成功運送了手中的黃金。等到北方軍失敗後，黃金的價格暴漲，摩根趁此撈了一筆，將事業推向高峰。

很多精明的成功者都善於運用聲東擊西之策，轉移別人的注意力，讓對手「霧裡看花，火中望月」難辨真偽，於是使對方打亂原有計劃，使出新的招數，只是這招數一旦使出，錯誤就來了，再想撤退就為時已晚了。這樣，你便為自己贏得最好機遇，無往不利。

利用麻痺心理讓對手習以為常

故作姿態，用習慣去麻痺對方是很好的鬥智不鬥力的行為，通常能取得很好的效果，提高收益的百分比。

很多人都上過網購的當，一件衣服怎麼穿在模特兒身上，拍出來的照片那麼美，而實物拿到手裡就完全不是那回事了。回頭跟店主理論吧，對方又總強調是電腦顯示器的問題，自己只能啞巴吃悶虧。雖然這個道理非常簡單，但很多人仍然一次又一次地被那些漂亮的網路圖片所吸引，每次也都痛痛快快地掏錢，上當也就不止一次了。

為什麼會這樣，很顯然，因為人已經產生了情緒疲勞，習慣了網路商家的某種行為，而恰恰是這種習慣性，讓人產生了麻痺心理。

研究顯示，一些習慣性的行為會使人產生情緒疲勞，大部分人都清楚這個道理，卻不會運用這種方法來為自己在一些情況中獲得利益，其實它是一種最簡單的「瞞天過海」行為。

西元五八三年，正直五代時期，陳叔寶當上了陳朝皇帝，整日吃喝玩樂，不理朝政，奸臣當道，民不聊生。當時隋文帝統一了北方，國力強盛，鬥志正旺。他分析局勢，深知陳朝國力空虛，不堪一擊，便派兵南下，打算一舉消滅陳朝。可是，一條長江成天塹，如何才能安然渡過長江進攻呢？

臣子高熲遂向文帝獻了一條計策。隋文帝聽了大喜，立刻下令大軍一齊進攻，首先切斷了陳朝駐守長江上游和中下游的部隊聯繫，使他們不能相互照應。與此同時，隋朝大將賀若弼率大隊人馬向陳朝國都建康進軍。兵馬來到長江北岸駐紮下來，帳篷林立，軍旗飄揚，一副緊張備戰的模樣。

陳朝將領見這種陣勢，以為隋軍即將渡江攻城，頓時緊張起來，召集全部人馬，準備與隋軍決一死戰。誰知劍拔弩張地等了幾天，隋軍不但沒有渡江進攻，反而撤了回去，渡口只留了一些小船。陳朝將士以為隋軍水上兵力不足，不敢輕易進攻，鬆了口氣。哪知道隋軍又集結江北，安營紮寨，陳軍慌忙再度備戰。如此反覆折騰幾次，陳軍人困馬乏，加上糧草又被隋軍的探子燒毀，陳軍更是人心惶惶、心靈疲憊，最後乾脆對隋軍的行為不理睬，只當隋軍沒事閒著瞎折騰，隋軍不累他們也累呢。就在陳軍最懈怠的一刻，隋軍突然渡過浩浩長江，發動全面進攻，一時間金鼓齊鳴，陳軍兵敗如山倒。

高熲一招「瞞天過海」，小小計策，令敵方麻痺大意，最後不費吹灰之力贏得了戰爭的全面勝利，誰人能說他不高明？

在古今中外戰爭史上，施展瞞天過海之計，出其不意取勝的戰例不勝枚舉。通常，人們防備周全的時候，就很難麻痺大意；可是一旦習以為常，警惕心就完全失去，讓自己暴露在危機當中，此時使用「瞞天過海」是再好不過了。

讓對方別無選擇的順從

掌握製造別無他選的困境的攻心戰術，給人提供單純只有兩個選擇，而且其中的一個選擇必然好於另一個，再也沒有其他什麼選擇的餘地，於是就可以達到普遍認同，而最終選擇其中好的一個。

在生活中，我們往往會遇到談判、競選等場合，這種場合下，當然是需要做出選擇，誰都想讓對方選擇和自己合作，誰都想要群眾選舉自己擔當職務，但是如果不懂得採取一定的心理戰術，則可能會遭受失敗。

古代羅馬的政治家布魯斯特在殺害凱撒之後有一場演說：「你們是希望讓凱撒死，而你們大家過自由的日子，還是希望讓凱撒活著而你們都淪為奴隸終至死亡？這兩種你們所要選擇的是什麼？」

布魯斯特的演講，給出了當時長老院的長老們這樣兩個選擇，再也沒有其他可以選擇的方法，迫使他們從「自由」或「死亡」之中進行選擇。而很顯然，自由比死亡看起來是更有好處、更有意義的。所以，最後的結局可想而知，長老院最終選擇了自由，而布魯斯特也因此獲得了勝利。

在現實生活中，我們時常會面臨著一些選擇，很難下定決心，但是如果猶豫不決，就可能失去機會，在左右搖擺中浪費時光，此時就要善於把自己引導別無他選的境地，這樣做選擇就會容易一些。比如，當有人面對著是否該換工作，而無法下決心，就可以對他說：「你是要換個工作，開拓新的人生呢，還是要繼續在這裡虛度餘生？」對方在這兩個選項中，自然會容易做出選擇。

設置的兩個選擇沒有優劣之分，還是會讓人無法做出決定，雖說「魚和熊掌不可兼得」，但是「二者皆吾之所欲也」，沒有大的差別，很難讓人取捨，因此，我們還要強調兩個選擇中哪個更優，哪個更劣，有著這樣的一個對比，就更容易讓人做出選擇了。

雖然運用這種方法也常會發生許多障礙，但對於處於迷惑不決中的人們，則可以迫使其朝著自己所期望的方向去選擇。例如，當你要說服正在選擇就業單位的畢業生時，可以說：「與其勉強地進入一家好的公司，卻因為能力不夠而被漠視，進而遭受打擊，產生挫敗感，還不如進入一家自己能勝任的公司，找回信心，發揮出自己的優勢，並且得到有效的提高。」像這種誘導方式，則可以替對方消除疑慮和猶豫，儘快的做出選擇。

守株待兔，讓兔子自己撞上來

守株待兔的故事可謂是人人皆知了，不過，它所傳達給我們的心計智慧，想必很少有人知道了。那就是，人只有先將樹栽好，做足一切準備工作，才能在「兔子」衝過來的時候，讓其結結實實地撞到柱子上，成為獵物。

太公姓姜名尚，又名呂尚，是輔佐周文王、周武王滅商的功臣。他在沒有得到文王重用的時候，隱居在陝西渭水邊一個地方。那裡是周族領袖姬昌（即周文王）統治的地區，他希望能引起姬昌對自己的注意，因而建立功業。

太公常在番溪旁垂釣。一般人釣魚，都是用彎鉤，上面有香味的餌食，然後把它沉在水裡，誘騙魚兒上鉤。但太公的釣鉤是直的，上面不掛魚餌，也不沉到水裡，並且離水面三尺高。他一邊高高舉起釣竿，一邊自言自語道：「不想活的魚兒呀，你們願意的話，就自己上鉤吧！」

一天，有個打柴的來到溪邊，見太公用不放魚餌的直鉤在水面上釣魚，便對他說：「老先生，像你這樣釣魚，一百年也釣不到一條魚的！」

太公舉了舉釣竿，說：「對你說實話吧！我不是為了釣到魚，而是為了釣到王與侯！」

太公奇特的釣魚方法，終於傳到了姬昌那裡。姬昌知道後，派一名士兵去叫他來。但太公並不理睬這個士兵，只顧自己釣魚，並自言自語道：「釣啊，釣啊，魚兒不上鉤，蝦兒來胡鬧！」

姬昌聽了士兵的稟報後，改派一名官員去請太公來。可是太公依然不搭理，邊釣邊說：「釣啊，釣啊，大魚不上鉤，小魚別胡鬧！」

姬昌這才意識到，這個釣者必是位賢才，要親自去請他才對。於是他吃了三天素，洗了澡換了衣服，帶著厚禮，前往番溪去聘請太公。太公見他誠心誠意來聘請自己，便答應為他效力。

後來，姜尚輔佐文王，興邦立國，還幫助文王的兒子武王姬發，滅掉了商朝，被武王封於齊地，實現了自己建功立業的願望。像姜太公這樣的例子，在國外也屢見不鮮。

杜文是個傑出的藝術經紀人，在美國藝術收藏市場赫赫有名。各界人士都願意登門拜訪，但是實業家梅隆卻從來不和杜文打交道。杜文下定決心，到死的前一分鐘也要讓梅隆成為自己的客戶。

許多人都認為這只是杜文一廂情願的白日夢，因為梅隆是一個性格內向、沉默寡言的人，更重要的是他對素未謀面的杜文並沒有什麼好感。

杜文卻不氣餒：「你們就等著看吧，梅隆不僅會買我的東西，而且只會向我買，我要讓他成為我一個人的客戶。」於是，杜文積極搜集梅隆的資訊，花很多時間去瞭解他的習性、品味和愛好。他祕密收買了梅隆的幾個手下，從他們那裡可以得到寶貴的資訊。等到時機成熟準備採取行動時，杜文對梅隆的瞭解程度甚至連梅隆的妻子都無法與之相比。

一九二一年，梅隆訪問倫敦。杜文在他下榻的酒店的電梯門口遇見了梅隆。梅隆要搭乘電梯去國家畫廊的消息是幾分鐘前由梅隆的隨從提供的，杜文抓住機會巧妙地製造了這場邂逅。

「你好嗎，梅隆先生。」杜文熱情地介紹自己，「我正要上國家畫廊欣賞一些畫，你呢？」

「我也是。」梅隆說。

杜文已對梅隆的品味瞭若指掌，在去國家畫廊的路上，他淵博的知識讓這位大亨驚奇不已，更令梅隆不可思議的是，兩人的品味居然也驚人的相似。

回到紐約後，梅隆迫不及待地拜訪了杜文神祕的畫廊，裡面收藏的作品正是他夢寐以求的東西。正如杜文預言，從此之後，梅隆成了杜文一個人的客戶。

姜太公也好，杜文也好，都是事先將目標對象瞭解得一清二楚，做足了準備工作，然後等「魚兒」自動來上「鉤」，等「兔子」自動來「撞樹」。也只有這樣，才能有的放矢，一舉成功。

不過，與人交往中，每一個人總是很善於把自己的一切隱藏得不露聲色，所以事先做足準備工作就要求我們盡力去摸清對方的想法以及下一步的行動，這樣才能在交往的過程中取得主動的地位。

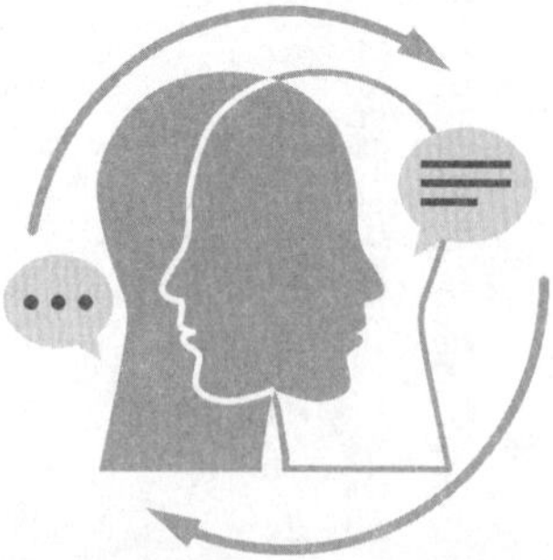

Chpater

4

溝通心理學 × 見鬼説鬼話

因人而異，看情況不同而表現

「因人而異」，在某些時候這句話是含貶義的。但是有的時候，你說一句別人愛聽的話，可以拉近彼此的距離。

對傲慢無禮的人說話應該簡潔有力；對沉默寡言的人就要直截了當；對於瞻前顧後、草率決斷的人，說話時要把話分成幾部分來講。

徐文遠是名門之後，幼年跟隨父親被抓到了長安，那時候生活十分困難，難以自給。他勤奮好學，通讀經書，後來官居隋朝的國子博士，越王楊侗還請他擔任祭酒一職。

隋朝末年，洛陽一帶發生了饑荒，徐文遠只好外出打柴維持生計，湊巧碰上李密，於是被李密請進了自己的軍隊。李密曾是徐文遠的學生，他請徐文遠坐在朝南的上座，自己則率領手下兵士向他參拜行禮，請求他為自己效力。

徐文遠對李密說：「如果將軍你決心效仿伊尹、霍光，在危險之際輔佐皇室，那我雖然年邁，仍然希望能為你盡心盡力。但如果你要學王莽、董卓，在皇室遭遇危難的時刻，趁機篡位奪權，那我這個年邁體衰之人就不能幫你什麼了。」

李密答謝說：「我敬聽您的教誨。」

後來李密戰敗，徐文遠歸屬了王世充。王世充也曾是徐文遠的學生，他見到徐文遠十分高興，賜給他錦衣玉食。徐文遠每次見到王世充，總要十分謙恭地對他行禮。有人問他：「聽說您對李密十分倨傲，對王世充卻恭敬萬分，這是為什麼呢？」

徐文遠回答說：「李密是個謙謙君子，所以像酈生對待劉邦那樣用狂傲的方式對待他，他也能夠接受；王世充卻是個陰險小人，即使是老朋友也可能會被他殺死，所以我必須小心謹慎地與他相處。我察看時機而採取相應的對策，難道不應該如此嗎？」等到王世充也歸順唐朝後，徐文遠又被任命為國子博士，很受唐太宗李世民的重用。

徐文遠之所以能在五代隋唐之際的亂世保全自己，屢被重用，就是因為他針對不同的人有不同的應對之法，靈活處世，懂得「因人而異，視情況不同而有所表現」。

朱元璋做了皇帝，他從前相交的一班朋友照舊過著很窮的日子，有一天，他從前的一個朋友跑到南京求見，准見之後便說：「我主萬歲！當年微臣隨駕掃蕩蘆州府，打破罐州城，湯元帥在逃，拿住豆將軍，紅孩子當關，多虧菜將軍。」

朱元璋一聽，隱約覺得他的話中包含了一些從前的往事，見他說得好聽，心裡很高興，所以立刻封他做了御林軍的總管。

這個消息讓另外一個朋友聽見了，他心想：「同是那時候一起玩的人，他去了有官做，我去當然也不會倒楣吧？」

於是他就去了，和朱元璋一見面，就直通通地說：「我主萬歲！還記得嗎？從前，你我都替人家看牛，有一天，我們在蘆花蕩裡，把偷來的豆子放在瓦罐裡煮著，還沒等煮熟，大家就搶著吃，把罐子都打破了，撒下一地豆子，湯都潑在泥地裡。你只顧從地上滿把地抓豆子吃，卻不小心連紅草葉子也送進嘴去。葉子哽在喉嚨口，害得你哭笑不得。還是我出的主意，叫你用青菜葉子放在手上一拍吞下去，才把紅草葉子帶下肚子裡去……」

朱元璋等不得聽完就連聲大叫：「推出去斬了！推出去斬了！」

朱元璋的第一位朋友很懂得眼下的朱元璋和他不再是過去的哥們關係，只有用君臣關係的身分說話，才能投其所好。儘管隱隱約約地提到兒時不光彩的事，但不傷害朱元璋的尊嚴，還討得朱元璋的歡心，做了大官。另一個朋友不懂「因人而異」的道理。雖然兩人所說的內容完全相同，但後一位窮朋友卻揭了朱元璋以前的狼狽相，傷了朱元璋的尊嚴，落了個被殺的下場。

翻人家的污點，觸及人家的短處，不管是有意還是無意，對己對人都是不利的，我們在交際時應該小心這一點。與人打交道的時候，無論是他人提到你的短處，還是你去提及他人的短處，即使是那些顯而易見的短處，基本都會招致當事人反感。對此，想讓交際順暢，最好的辦法就是「因人而異，看情況不同而表現」。

人常說：「不打勤不打懶，專打不長眼。」人生在世有很多忌諱，如果你在無意之中觸犯了別人的忌諱，就會在無形之中得罪對方。所以在工作和生活中，與他人進行言語上的博弈時，一定要眼觀六路、耳聽八方，千萬不要觸犯了別人的忌諱。

積極溝通，才能得到老闆的重視

一個員工，只有主動跟老闆作面對面的接觸，讓自己真實地與老闆溝通，才有機會得到老闆的垂青。

在職場中，應積極與上司溝通，理解上司的心思，才能得到上司的認可。但是，許多員工對老闆有生疏及恐懼感，他們在老闆面前噤若寒蟬，一舉一動彆彆扭扭，極不自然，甚至就連工作中的述職，也儘量不與老闆見面，或託同事代為轉述，或只用書面形式報告。然而，人與人之間的好感是要透過實際接觸和語言溝通才能建立起來的。

有一位財會專科的女生到一家公司應徵會計工作，財務經理對她不太滿意，但人力資源經理還是給了她一次機會，安排她從事客服工作。結果，這位女生的表現實在令人失望。她的性格過於內向，不喜歡溝通和交流，既不主動和同事打招呼，也不向「師傅」請教。很多時候，她不明白或者不清楚分配的任務也不會向老闆發問，只是就按照自己的理解去做，結果總是與老闆的要求相差甚遠，最終連這唯一的機會也喪失了。

據統計，現代工作中的障礙百分之五十以上都是由於溝通不良而產生的。一個不善於與老闆溝通的員工，是無法做好工作的。現在的每一家企業都可以說是人才輩出、高手雲集，在這樣的環境中，不去溝通的沉默者無異於慢性自殺，不會有什麼前途。如果想真正有所成就，必須要主動與老闆溝通。積極與老闆溝通，才能讓老闆認識到你的工作才能，才會有被賞識的機會，才可能得到提升。

職場中，溝通中一半以上的資訊是靠肢體語言來傳遞的。因此，捕捉這些肢體語言，便成了與上級溝通中的重要一環。學會捕獲上級的肢體語言，可以從以下幾方面做起：

一、捕捉上級的眼神

眼睛是心靈的窗戶，眼睛所做出的視線行為和眼球運動方式，都可能反映出上級內心的真實活動。在談話中，注意觀察上級的眼睛，包括視線的俯仰、正視或者斜視，瞳孔的收縮、眼球的轉動、眨眼的頻率等，都是很重要的語言信號。特別是在不能運用語言的特殊場合，上級可能會用眼睛示意你止住話題或者接著講下去，此時你更需集中注意力來體會。

二、留意上級的表情

只要你留意，上級的喜怒哀樂都可以從他的表情上閱讀出來。注意上級的眉毛是上揚還是緊鎖，嘴巴是張大還是閉著，面部肌肉是放鬆還是緊繃，臉色是變白還是變紅等。除此之外，還要注意他的手臉結合動作，比如用手支撐下巴，方式不一樣，所表達的含義也不一樣。其他的還有撓頭、抓領子、擦眼睛、捂嘴巴等姿勢，都有特定的含義。

三、觀察上級的身體姿勢

上級的坐姿、動作等都包含了特定的資訊。在溝通的過程中，你需要對此加以關注，如觀察上級是否有雙臂抱胸的動作，是否蹺著二郎腿，是否做出了肯定或否定的手勢，身體是非常關注地前傾還是懶洋洋地靠著等。捕捉並瞭解這些資訊，對你的交流往往有指導性的意義。

四、注意上級的動作

一般說來，上級的動作包含的信息量較大。在和上級交談時，觀察他是否有如下動作：邊說邊轉身把背部向著你，或者一邊和你說話一邊快步向前，或者把你請入辦公室時順便關上門，或者在你彙報時不停看手錶等。所有這些動作都能在一定程度上反映出上級的心態，並且極易捕捉到。

只要你留意觀察，上級肢體語言會相當豐富地呈現在你眼裡，細心琢磨這些無聲語言，你就可以捕獲相應資訊，並為你與上級的進一步溝通做出指導。

　　想主動與老闆溝通的人，應懂得主動爭取每一個溝通機會。在瞭解老闆的溝通傾向後，員工需要調整自己的風格，使自己的溝通風格與老闆的溝通傾向盡可能地吻合。有時候，這種調整是與員工本人的天性相悖的。但是員工如果能透過自我調整，主動有效地與老闆溝通，創造和老闆之間默契和諧的工作關係，無疑能使你最大限度地獲得老闆的認可。

見人說人話，見鬼要把話說神

民間有一句話：「言多必失。」是說如果一個人總是滔滔不絕地講話，說的多了，話裡就自然而然地會暴露出許多問題。而且，你的話多了，其中自然會涉及其他人。

說話不看對象，常常讓別人無法理解自己的本意，因而在無形之中與別人拉開了相當的距離。反之，瞭解了對方的情況，並依據其情況，尋找與之相適應的話題和談話內容，雙方就會覺得談話比較投機，彼此在距離上也顯得比較親切。對方會覺得你是一個極具親和力的人，因而願意與你相處。因此方圓說話在這裡要抓住以下幾點：

一、看對方的身分地位說話

與上司說話，或是探討工作，我們應該儘量向上司多請教工作方法，多討教辦事經驗，他會覺得你尊重他，看得起他。所以，在工作中，在辦事過程中，即使你全都懂，也要裝出有不明白的地方，然後主動去問上司：「關於這事，我不太瞭解，應該如何辦？」或「這件事依我看來這樣做比較好，不知局長有何高見？」

上司一定會很高興地說：「嗯，就照這樣做！」或「這個地方你要稍微注意一下！」或「大概這樣就好了！」如此一來，我們不但會減少錯誤，上司也會感到自身的價值，而有了他的幫助和支持，後面的事情就好辦得多了。

二、針對對方的特點說話

和人交談要看對方的身分、地位，還要看對方的性格特點，針對他的不同特點，採取不同的說話方式，這樣才有利於解決問題。

中國春秋時期的縱橫家鬼谷子先生指出：「與智者言依於博，與博者言依於辨，與辯者言依於要，與貴者言依於勢，與富者言依於豪，與貧者言依於利，與卑者言依與謙，與勇者言依於敢，與愚者言依於銳。」

意思是說：和聰明的人說話，須憑見聞廣博；與見聞廣博的人說話，須憑辨析能力；與地位高的人說話，態度要軒昂；與有錢的人說話，言辭要豪爽；與窮人說話，要動之以利；與地位低的人說話，要謙遜有禮；與勇敢的人說話不要怯懦；與愚笨的人說話，可以鋒芒畢露。

三、摸準別人的心理說話

透過對手無意中顯示出來的態度及姿態，瞭解他的心理，有時能捕捉到比語言表露更真實、更微妙的思想。由於所處的環境不同，人的心理感受不同，而同一句話由於地點不同、語氣不同，所表達的情感也不盡相同，別人在傳話的過程中也難免會加入他個人的主觀理解，等到你談的內容被談話對象聽到時，可能已經大相徑庭，勢必造成誤解、隔閡，進而形成仇恨。

另外，人處在不同的狀態下，講時的心情不同，話的內容也會不同，心情愉快的時候，看事看人也許比較符合自己的心思，故而讚譽之言可能會多；有時心情不愉快，講起話來不免會憤世嫉俗，講出許多過頭的話，招來很多麻煩。

子曰：「不得其人而言，謂之失言。」對方倘不是深相知的人，你就暢所欲言，以快一時，但對方的反應是如何呢？你說的話，是屬於你自己的事，對方願意聽嗎？彼此關係淺薄，你與之深談，顯出你的沒有修養；你說的話，若是關於對方的，你不是他的好友，不配與他深談，忠言逆耳，顯出你的冒昧；你說的話，是屬於國家的，對方的立場如何，你沒有明白，對方的主張如何，你也沒有明白；你只知高談闊論，殊不知輕言更易招憂呢！

用「意外」改變別人的先入為主

要說服他人，要使對方對其先入之見有客觀的認識和轉變，就請遵循這一規則：改變一種方式，給對方一種意外的體驗。

有些時候，我們會遇到這樣的說服對象：他們有自己的先入之見，你剛開口說，他就會用「不行就是不行」的態度毫不客氣地回絕你。一般人遇到這種情況，往往會束手無策，甚至想放棄對他的說服。然而，真正的說服高手，面對這種情形同樣能遊刃有餘。為什麼呢？因為他們採取了讓對方感到意外的說服手段。

過去，美國人普遍認為人造奶油比奶油品質差，導致人造奶油的銷售量遲遲不能提高。但是人造奶油的經營者們卻信心十足，他們打算不論在品質方面、味道方面和營養方面，都讓人造奶油成為奶油的代用品。他們想盡一切辦法宣傳人造奶油的優點，以提高它的銷售量。他們這樣做就是想消除人們「人造奶油不如奶油」的先入之見。因此，經營者們委託有關機構調查造成這種偏見的原因，並且研究出了解決的辦法。

在某次午餐會上，有百分之九十以上的婦女說可以辨別人造奶油和奶油，她們說人造奶油有腥臭味等。於是調查人員發給她們每人黃、白各一塊奶油狀的食品請她們品嘗，結果，百分之九十五以上的婦女認為黃色的是奶油，她們說味道「新鮮」「純正」，認為白色的是人造奶油，並說有腥臭味。但是，她們的嘗試結果與事實恰恰相反，黃色的是人造奶油，白色的是剛剛製造出來的奶油。也就是說，這些婦女僅僅是靠從顏色形成的先入之見來區別奶油和人造奶油的，至於「腥臭味」的評價更是毫無根據。

心理學家們對那些暴露了自己的「味覺遲鈍」而陷入尷尬處境的女性們會有什麼反應，很感興趣。但是，經營者並沒有露骨地說「太太們，妳們說這奶油有腥臭味是不是有些味盲呢？」他們並沒有採取這種愚蠢的行為來破壞對方的先入之見，而是不再強調人造奶油與奶油的「類似性」。他們透過宣傳人造奶油給人們帶來的「滿足感」大大提高了銷售量。

另外，讓對方有意外的體驗，因而改變其先入之見，當然離不開跟對方講道理。

馬丁和瑞恩兩人為了增加自己的零用錢，分別跟妻子展開說服攻勢。首先，讓我們來看看馬丁先生如何去做的吧：

「妳想想，上次加錢是什麼時候？好像已經很久了……妳知道嗎？近來同事們都說我變小氣了，這樣是會影響到我的人際關係的。再這樣下去，我一定會受到大家的排擠。妳也曾經在社會上工作，應該瞭解被人排擠的滋味吧！這樣絕對會影響到工作績效，我想妳一定能瞭解並體諒我的苦衷！」

馬丁太太聽了丈夫的話，說：「是呀，好久沒有調整零用錢了，萬一影響工作就不好了。這樣吧，從這個月開始，每個月多給你三千元的零用錢吧！」

馬丁先生進行得相當順利。緊接著我們再來看看瑞恩先生是怎麼說的：

「喂，從這個月開始零用錢再多給我三千元。妳到底有沒有替我想想，現在這個樣子，酒不能喝、菸也不能抽，這怎麼行呢？總之，趕快給我加錢……」

瑞恩的太太聞言不禁火冒三丈：「你說的是什麼鬼話！不是才剛加了錢嗎？你哪一天不是喝得醉醺醺才回來，菸也抽得那麼凶，卻還說什麼沒菸抽、沒酒喝。還想加什麼錢呀！開玩笑，不行！」

「剛加錢！那已經是三年前的事了。喂，只要妳少參加幾次才藝班，不就多出三千元了嗎？拜託嘛！」瑞恩先生看太太有些動怒，便軟化態度，溫和地說道。

「好吧，那就加一千五吧。」瑞恩太太心不甘情不願地退一步說。

「哎呀，妳可真會計較！」

由此可知，馬丁、瑞恩兩位先生，在爭取提高零用錢一事上，都獲得了小小的成功。但我們可以明顯看出馬丁先生略勝一籌。而從成功的技巧來看，其實瑞恩先生不能算真正的成功。他的勸說根本沒有表達出勸說的真義。這是由於瑞恩的太太無法完全理解丈夫要求加錢的理由，而僅只是屈服於丈夫軟硬兼施的威脅，如：「減少你的才藝班課程」。由此不難預見，今後這對夫妻在遇到更難處理的事情時，將會採取什麼樣的溝通模式。在他們心中，並沒有打算要明確告知對方自己的想法，進而說服對方，反而只是一味地將自己的想法強加給對方，直到對方勉強接受為止。

以馬丁夫婦的情況和瑞恩夫婦比較，我們就會明白說服技巧和成效的差別。馬丁先生將自己在公司的狀況明確地告訴妻子，讓妻子明瞭到這種狀況如果持續下去對於她也是相當不利的。於是太太細思後發覺如不增加丈夫的零用錢，的確會使家庭和自己的利益受損。於是當機立斷，很爽快地答應了。馬丁先生極其聰明地抓住此一關鍵，巧妙地將自己的利害關係轉嫁到妻子身上，讓妻子自動說好，成就他的目的。

如果瞭解了先入為主的心理結構之後，就不應該從正面反駁對方的先入之見，否則會使他產生反抗的心理。而應該以對方毫無覺察的方式，給予他意外的體驗。這樣，你的說服就會成功。

迂迴說話，避免碰壁

對於很多人來說，直接的批評和說教會讓他感到不適和難堪，因而有著巨大的抵觸情緒。這時候我們就需要發揮一下迂迴語言的魅力，繞著圈子說問題，讓雙方都有面子。

在求別人辦事時，你可能會遇到這種情況：當你滿懷希望地向他人提出要求時，卻當場遭到對方的拒絕，碰了釘子。那場面是很令人難堪的。這種被拒絕而產生的尷尬，往往使你感到心灰意冷、失落、心理失衡，甚至出現不正常心理，比如記恨，或報復的心理，因而影響彼此之間的關係。

在現實生活中，造成尷尬的原因很多，有些是無法預見的，難以避免的，但有些卻是可以透過自己的努力加以避免的。從辦事的角度來看，避免尷尬也是辦事能力的組成部分。懂得並力爭避免不必要的尷尬場面的出現，是每一個辦事高手都應該掌握的。

遠行之人，前有高山擋路、石頭絆腳，自然會想辦法繞過去，或動腦筋另闢蹊徑。這種做法應用在求人辦事裡，便是繞著圈子達到目標，避免碰到釘子。

換言之，求人辦事若想避免碰釘子，便得拐彎抹角地去講一些話；有些人不易接近，就少不了逢山開道、遇水搭橋；搞不清對方葫蘆裡賣的什麼藥，就要投石問路、摸清底細；有時候為了使對方減輕敵意，放鬆警惕，我們便繞彎子、兜圈子，甚至用「顧左右而言他」的迂迴戰術，將其套牢。

舉個簡單的例子：某些以魚類為生的鳥類，其嘴的形狀，直直的，上下兩部分又長又寬闊。吞吃食物時，有的常常把捕到的魚兒往空中一拋，讓那條魚頭朝下尾朝上落下來，然後一口接住吞了下去，這樣的吃法可以使魚在通過咽喉時，魚翅的骨頭由前向後倒，不會卡在喉嚨裡。

求人辦事也一樣會碰到各種「刺」，這個時候便不能「直腸子」，而應該想辦法兜個圈子，繞個彎子，避開釘子。這是求人辦事應該具備的策略和手段。連鳥都會「把魚倒過來吃」，聰明人怎麼能讓「刺」卡在喉嚨中呢？

有位編輯向一位名作家約稿。那位作家一向以難於對付著稱，已經有好多人在他面前碰了釘子，所以這位編輯在去他家之前，感到既緊張又膽怯。

剛開始時，這位編輯失敗了，因為不論作家說什麼話，這位編輯都說「是，是」，或者「可能是這樣的」。無法開口說明要求他寫稿的事，於是他只好準備改天再來向他說明這件事。

就在他起身準備告辭時，腦中突然閃過一本雜誌，這本雜誌上刊載有關這位作家近況的文章，於是就對作家說：「先生，聽說你有篇作品被譯成英文在美國出版了，是嗎？」

作家猛然傾身過來說道：「是的。」

「先生，你那種獨特的文體，用英語不知道能不能完全表達出來？」

「我也正擔心這點。」他們滔滔不絕地說著，氣氛也逐漸變得輕鬆，最後作家竟答應為這位編輯寫稿子。

這位不輕易應允的作家，為什麼會為了編輯的一席話，而改變了原來的態度呢？因為他認為這位編輯並不只是來要求他寫稿，而且又讀過他的文章，對他的事情十分瞭解，所以不能隨便地應付。就這樣，那位編輯不僅沒有碰釘子，還成功地邀到了稿子。

有時為了避免碰釘子，你可以運用必要的試探方法。比較常見的方法有：

一、自我否定法

就是自己對所提問題拿不準時，如果直截了當提出來恐怕失言，造成尷尬。這時，就可以使用既提出問題，同時又自我否定的方式進行試探。這樣在自我否定的意見中，就隱含了兩種可能供對方選擇，而對方的任何選擇都不會使你感到不安和尷尬。

二、投石問路法

並不直接提出自己的問題和方法，而是先提一個與自己本意相關的問題，請對方回答，如果從其答案，自己已經得出否定性的判斷，那就不要再提出自己原定的想法，這樣可以避免尷尬。

三、觸類旁通法

當你想提一個要求時，還可以先提出一個與此同屬一類的問題，試探對方的態度。如果得到肯定的資訊時，便可以進一步提出自己的要求；如果對方的態度是明確的否定，那就免開尊口以免碰釘子。

四、順便提出法

有時提出問題，並不用鄭重其事的方式。因為這種方式顯得過分重視，至關重要，一旦被否定，自己會感到下不了台。而如果在執行某一交際任務過程中，利用適當時機，順便提出自己的問題，給人的印象是並未把此事看得很重，即使不滿足也沒有什麼感覺。

五、開玩笑法

有時還可以把本來應鄭重其事提出的問題用開玩笑的口氣說出來，如果對方給以否定，便可把這個問題歸結為開玩笑，這樣既可達到試探的目的，又可在一笑之中化解尷尬，維護自己的尊嚴。

六、打電話法

打電話提出自己的要求與面對面提出有所不同，由於彼此只能聽到聲音而不見面，即使被對方所否定，其刺激性也較小，比當面被否定更易接受些。

在求人辦事時應該多繞幾個圈子，這樣才能保證你在求人辦事中得到最大的實惠，少碰些釘子。生活中不少人是「直腸子」、「一根筋」，這種人在辦事時更多地表現為：「碰到南牆不回頭」，十頭公牛也拉不回來。這樣的人最該學點迂迴術，讓自己的大腦能多轉幾個圈子。

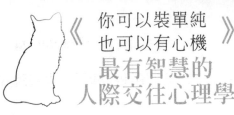

巧提建議，讓老闆發現你的價值

> 巧妙地向老闆提出建議，把自己的「意見」轉化為「建議」，更能獲得老闆的尊重和重視。

生活中，很多人都因為害怕得罪老闆不敢給老闆提意見。其實，給老闆提出必要的意見，也是讓老闆重視你的一種方法。當然在提意見時，你一定要注意提意見的方式，並且保證自己提的意見要有一定的品質，只有這樣，你才能讓老闆看到你的主見，讓老闆察覺到你也在為公司思考。

對上司發出的正確而合理的指令，當然要認真及時地執行，但上司也是人，不是神，有時可能會發出不恰當的甚至完全錯誤的指令。作為直接受其上司的下屬，我們該怎麼做呢？

很多人或許會說：「當然是按照上司的指令去做了，決策是老闆做的，我的任務就是堅決執行。」還有一些人或許會說：「給老闆提意見，我可不敢，得罪了上司怎麼辦？」顯然，第一種人誤解了「執行」的含義。執行的目的在於達到效果，如果南轅北轍了，執行就沒有意義了；第二種人，害怕得罪老闆，首先這是人之常情，可是身為公司的一分子，我們就應該為公司的命運負責，不能因為個人得失，明知道老闆的決策錯了，卻還要去執行。

面對不恰當的指令？我們到底該怎麼做？我們可靈活地採取以下對策：

一、暗示法

接到不恰當的指令時，你覺得不能執行或無法執行，可先給上司以某種暗示，讓其悟到自己的指令不甚恰當。有些指令不恰當，不是因為上司素質差、水準低，而是沒考慮周全，或是只看到了事物的表象，沒看到事物的本質。你稍加暗示，他可能就會馬上意識到。

二、提醒法

有些不恰當的指令，可能是上司不熟悉、不瞭解某一方面的情況，有的可能是上司一時遺忘了。你明白地提醒他，上司瞭解到了，一般都會收回或修正指令。當然，提醒不是埋怨，也不是直通通、硬邦邦地批評。提醒要講究策略，語氣上盡可能委婉些。

三、推辭法

對上司不恰當的指令，有的可以考慮推辭。推辭要有理由，有的可從職責範圍提出，譬如說：「總覺得這件事不是我的職責，要不，同事關係就不大好處理了。」

有的可從個人的特殊情況提出。但不管從哪一方面，理由一定要真實和充分。你推辭了，有的上司還可能會這樣問：「那你覺得這件事應該由誰來做？」你不能隨便點名，也不要隨口說「除了我，其他誰都可以」之類的話，比較巧妙的回答是：「這事誰來做，我瞭解得不全面，還是您來定奪好。」推辭不是耍滑頭，而是委婉地拒絕。

四、拖延法

有些不恰當的指令，是上司心血來潮時突然想出來的，並要你去執行。倘你唯命是從，馬上付諸行動，那就鑄成了事實上的過錯。對這種上司心血來潮而向你發出的指令，如果你在暗示或提醒之後都沒有效果，推辭也沒多少理由時，那麼，最好的對策就是拖延。雖然默認或口頭上答應，實際上遲遲不動。若閒著不動，上司會產生疑心的，因此，你必須以忙別的事作為拖延的理由，應付上司的追問。拖延法是消極的，但對有些非原則性問題的不恰當指令，只能如此。

限於知識面的寬窄，每個人都可能犯錯誤，老闆也不例外，他也有可能犯錯誤。或總是提出永遠無法達到的目標，使大家追得精疲力竭，卻還落得無功而返；或專制獨裁，搞得辦公室裡人人自危，唯恐一不小心丟了飯碗。

該不該批評上司？當然！但聰明的員工應該懂得，如何在自保的前提下巧妙地把意見表達出來。你應該這樣想，上司也許恰恰非常渴望下屬的回饋資訊。

一、把他當成辯論對手

要讓胸懷韜略的上司接受你的觀點是件困難的事情。因此，要把他當成一等的辯論對手迎戰。事前的準備工作馬虎不得，不僅要搜集詳盡的事實，而且要預想上司可能會提出哪些觀點來反駁。這樣，你才不會被他的幾句話抵擋回來。

二、不要人身攻擊

很可能你的上司人品惡劣：心胸狹隘、剛愎自用，但是供你拿上檯面與之交涉的只有他的工作失誤。否則，你的批評就變成了公私不分的人身攻擊。

三、最後的決定權仍在上司手裡

明白地向上司表示，你不是想強迫他改變己見，只不過需要一個向他表明觀點的機會，最終裁決權仍然在他手裡，無論他怎樣決定，作為下屬，你都將給予全力配合。

上司犯的錯影響力肯定要比一般員工大，為了公司和部門的利益，下屬應該指出上司的錯誤之處。但是上司似乎比上帝還難伺候，給上司提意見一定要講究技巧。

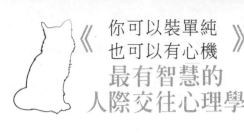

把「意見」轉化成「建議」，先禮後兵

在適當的時候向你的上司提幾點「建議」，它不僅包括了你所要提出的意見，而且指出了解決問題的方案。但一定要注意，先要肯定你的上司。

注意以下幾個問題，它們直接影響你建議的效果：

一、選擇適當的時機

這裡主要照顧到你的上司的心情。請記住他也是個普通人，當公務纏身、諸事繁雜時，他未必有很好的耐心隨時傾聽你的建議——儘管它們極具建設性。

二、關注對方，恰當舉例

談話時應密切注意對方的反應，透過他的表情及身體語言所傳達的資訊，迅速判斷他是否接受了你的觀點，並視需要適當地舉例說明，以增強說服力。

三、謙恭有禮

下屬對自己的異性老闆，要學會多聽少說，謙恭有禮。即使你覺得自己的見解確實比老闆高明，也不要直接說出來，你應用委婉、迂迴的方式表達自己的意思，比如，你可以說：「老闆，你的這個想法真是太妙了，如果按您的想法去做，我們不賺大錢才怪呢。但是有一點我還不夠明白，能否請您講解一下，順便也讓我長長見識……」這時，你就可以將問題提出來，在與老闆的討論中逐漸加入自己的見解，改變老闆的思路，在不知不覺中將自己的想法變為老闆的想法。

四、限用一分鐘

如果你向上司提建議，你認為多少時間比較合適?上司一般來說都對長的建議感到不耐煩。如果你能在一分鐘內說完你的建議，他就會覺得很愉快。如果覺得「有理」，也比較容易接受。即使他不贊同你的建議，你也不會浪費他太多的時間，他會為此感謝你。

如果再具體界定一下，那麼最好將你的語速保持在每分鐘三百個字的標準，比這個標準慢就顯得過於緩慢。

五、否定也是建議的附屬品

向上司提建議，如果馬上獲得認可，事情就很簡單。不過，一般而言，不認可的情況比較多。畢竟提建議的對象是你的上司，是否接受你的建議他當然需要慎重考慮。

當建議被「我不贊成」或「這不合適」等駁回時，有些人往往心灰意冷。其實，因為一兩次的建議被否決就責難上司，進而放棄自己的努力與心力，是一種非常愚蠢的做法。向上司提建議應該抱著「否定也是建議的附屬品」的合理想法，要勇於碰壁。當然僅僅做到這一點還是不夠的，還應該在你的建議的內容、方式方法上下工夫。

首先，在內容上，既然是提建議，就必須言之有據。不僅要把自己的建議表達出來，還要以大量的資料為依據，使建議站得住腳，否則一旦讓上司問倒了，就容易讓上司認為你信口開河。

其次，建議的內容沒問題了，還要注意提建議的方式方法。向上司提建議本非壞事，但如果過於「熱心」，會使自己「衝」過頭，上司必定會認準你是個麻煩製造者，不易接受你的建議。此時，你切記不要過於自作主張而忽視了上司周遭的人際環境以及時間安排。

「企望往高處爬的人，應該踩著謙虛的梯子。」這是莎士比亞的名言。想要讓自己提出的建議得到上司的尊重和認可，最好把這句話牢記心頭。對喜歡聽讚揚的上司你可以這樣說：「劉經理，我們公司這回取得這麼好的效益，全是您決策有方。上周提出的銷售方案也不錯，我看在方案中再增加一些……可能更好一些。」這樣做，你既肯定了上司的成績，又客觀、間接地指出了不足；既尊重了上司的權威，又適時提出了自己的建議，上司可能會很快採納你的建議。

此外，對大咧咧的上司可在開玩笑中提出建議，對嚴肅的上司可用書面提出建議，對自尊心強的上司可採取個別提出建議的方法，等等。不過，無論你採用什麼方法提出建議，一定要把握住以下幾點：

第一，提建議時不要急於否定上司原來的想法，多注意從正面有理有據地闡述你的見解。你要懂得尊重他人的意見，當然也包括尊重上司的意見，這樣他才會易於接受你的建議。

第二，提建議時不要夾雜任何私怨。一個建議中夾雜個人的私利越少越容易被人接受。在向上司提建議時，你應該更多地從部門和工作的立場出發，顯示出你處處是在為整體或上司著想，而不要被上司誤認為「這個人只是為了達到個人目的才提這個建議的」。

第三，提建議時不要涉及上司的觀點和方案，而只是闡述自己所知道的事實，自己的想法、方案，並再三說明，「這不一定對，僅供上司參考。」事實表明，越是善意的建議，越是有可能被上司接受，進而對不當指示和命令進行修正、充實或改變，使這個方案更為完善，所以你必須把握住時機，把建議反映得越早越好，越明白越好。

對於能力都比較強的上司，他們特別喜歡別人對自己工作成績的肯定，有時甚至還有意炫耀自己。所以，你就需要根據其心理特徵，對症下藥。

不說比說錯更可惡

> 在職場中，有效的溝通尤為重要，往往什麼都不說比說錯話更可怕。

所謂回饋，原是物理學中的一個概念，是指把輸出電路中的一部分能量送回輸入電路中，以增強或者是減弱輸入訊號的效應。心理學借用這一概念，用來說明學習的人對自己學習結果的瞭解，而這種對結果的瞭解又起到了強化作用，促進學習的人更加努力學習，因而達到更好的效果，這一心理現象稱作「回饋效應」。可見，回饋效應是一個雙向交流的過程。在這個過程中，人們可以更加清楚自己的缺點，因而不斷改進，提高效率。

其實，在職場上，回饋也是很有必要的。實際上，回饋效應用在職場上，更多的是指人與人之間的交流溝通。工作中，老闆與員工之間，只有及時溝通，才能讓老闆明白你的問題所在，也只有及時溝通，才能保證大家及時解決問題，如果你因為害怕說錯了就不向老闆回饋你的問題，那麼不說的後果比說錯更為嚴重；除外，作為一名合格下屬，我們不僅要在自己出了問題時，向上級及時回饋，當我們發現老闆有錯時，我們也要敢於回饋，幫老闆及時查缺補漏。

有人認為說錯話是職場大忌，但其實只要不是原則性大錯，說錯話並不一定會引起老闆的反感。老闆最反感的是什麼都不說的人。什麼都不說，溝通也就成了斷流。老闆發出的資訊無法得到及時、有效的回應。這樣的人，必然是最不受老闆歡迎的人。

溝通分為語言溝通和非語言溝通，語言溝通又包括口頭溝通和書面溝通。如何實現人與人、部門與部門、上與下之間在資訊（包括政策、法規、經濟、社會、技術等方面）、情感、經驗等方面的傳遞與交流，是人際交往中永恆的思考主題。有效的溝通會產生積極的作用。資訊溝通方面。只有以真實、快捷為基礎，才能有效實現資訊交流。情感溝通方面。只有以真摯、理解為基礎，才能實現心與心的碰撞、交流，形成相互理解、相互信任的良好人際關係氛圍。經驗溝通方面。只有以真誠、無私為基礎，透過彼此之間的經驗交流、教訓總結，才能切實實現彼此取長補短、共同進步。

溝通的基礎決定溝通的作用，只要我們始終以真實、真摯、真誠為基礎，溝通就一定能發揮積極作用。

李琳是一家公司的人事主管，她非常善於溝通，在公司很有人緣。有段時間她發現業務部整體士氣不足，便積極與業務部門主管進行溝通。她第一次跟業務部經理進行面談時，對方卻告訴她想要離開這家公司。她當時有些氣憤，覺得這位主管非常過分，公司為他投資很多，對他的待遇一向不薄，還多次為他們幾個部門主管請來培訓師提高他們的業務素質，而且公司高層對於業務部門一向非常重視，並沒有什麼對不起他的地方，但現在他就這麼一句簡單的要走，完全罔顧公司利益。

她抑制住自己心中的不滿，發脾氣於事無補，最重要的是瞭解這位經理心裡到底是怎麼想的。她努力做到平靜、和藹，像朋友一樣與他溝通，幫他看清眼前的兩個問題：走的目的是什麼？留下來又可以創造什麼？她和他閒話家常。最初這個業務部經理對她還有所保留，他對女主管說：妳只需要跟我談工作方面的問題，不要干預我的個人和家庭。但到後來，他自己變得很主動地講自己的家庭問題。

慢慢的，透過溝通，他對自己目前的工作和生活有了一個更深層次的認識，他意識到自己對公司、對家庭、對個人都應當負起責任來，而不是因為一點點不順心，就把情緒帶到工作中，至於「要走」不過是一時衝動，公司的前景非常遠大，在這樣的公司才能取得個人的充分發展。

他為自己的不理智道歉，向這位女主管表示了最真誠的謝意。然後立即積極主動地投入工作中，帶領整個部門努力拼搏，業績在短短三個月內遞增了兩倍。這個業務部經理也獲得了公司的嘉獎，還升了職。

透過溝通，李琳瞭解到了真正的問題所在，得到了對方的信任。溝通讓雙方之間的分歧迎刃而解，讓可能發生的爭執和矛盾消滅於無形。

由於人類本性是關注個人利益，所以我們可以想像有效溝通最簡單的一個話題就是人們自己。在人際交往中，多和別人談關於他們的事情，比如他們的家人、他們的工作、他們的消遣以及他們所關心的事情，他們馬上就會尊重你。

你對他們發自內心的興趣是對他們的欣賞。那會提升他們的自尊心，反過來會使他們尊重你。而尊重正是所有有效人際關係技巧的基礎。如果你專注於人們的長處，他們就會更強。如果你為他們的長處鼓掌，就會增加他們的信心，這樣也可以幫助他們克服自己的弱點。如果你以積極的態度看待人們，你的真誠就會透過你的眼睛、微笑和語調表現出來。你的笑容能照亮所有看到它的人。

一個人的溝通能力是社會能力中最重要的能力。如果一個人不能和其他人達成穩定的相互關愛的關係，那麼他就失掉了最基本的生存能力。所以溝通對我們大家來說太重要了。但是真正的溝通能力是培養和實踐出來的，需要無時無刻注意。

要作有效溝通，意思必須確定，首先想好要說什麼；表達事情時必須前後有聯繫，用具體準確的語言表達；內容與形式統一，也就是語言、聲音、表情、動作、綜合感情一致；前後邏輯一致，不能使自己支持的觀點前後矛盾。目的單一，有效的溝通只有目的單一才能準確表達，附加上其他目的，就會沖淡語言的意思。

你應當坦白地講出來你內心的感受、感情、痛苦、想法和期望，但絕對不是批評、責備、抱怨、攻擊。無根據地批評、責備、抱怨、攻擊這些都是溝通的劊子手，只會使事情惡化。更不能惡言傷人。如果說了不該說的話，往往要花費極大的代價來彌補，正是所謂的禍從口出，甚至於還可能造成無可彌補的終生遺憾。

你應當理清自己的情緒，情緒中的溝通常常無好話，既理不清，也講不明；尤其在情緒中，很容易因衝動而失去理性；憤怒、不滿等等情緒的支配下往往會做出情緒性、衝動性的「決定」，這很容易讓事情不可挽回，令人後悔。

你應當及時反省，在溝通中我說錯了話嗎？有沒有不合適的地方，會不會造成別人對我的誤解，其實我不是這個意思……承認「我錯了」是溝通的消毒劑，可解凍、改善與轉化溝通的問題；一句「我錯了」可以化解打不開的死結，讓人豁然開朗，放下武器，重新面對自己，開始重新思考人生。而「對不起」則是一種軟化劑，使事情終有迴旋的餘地。

Chpater

5

偽裝心理學

以退為進

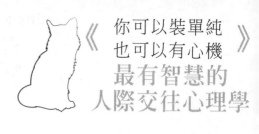

掩蓋自己的鋒芒，放低身架做人

「鋒芒畢露」形容一個人將才氣和才華全都顯露出來，多指人好表現自己。某種意義上，人有鋒芒是好事，是事業成功的基礎，在適當的場合顯露一下既有必要，也是應當。然而，鋒芒可以刺傷別人，也會刺傷自己，運用起來應小心翼翼，平時應插在劍鞘中。所謂物極必反，過分外露自己的才華只會導致自己的失敗。尤其是做大事業的人，鋒芒畢露既不能達到事業成功的目的，又失去了身家性命。

唐德宗時楊炎與盧杞一度同任宰相。盧杞是一個除了逢迎拍馬之外一無所長的陰險小人，而且臉上有大片的藍色痣斑，相貌奇醜無比。但是與盧杞同為宰相的楊炎，卻滿腹經綸，一表人才。但是，博學多聞、精通時政、具有卓越政治才能的楊炎，雖然具有宰相之能，性格卻過於剛直。因此，像盧杞這樣的小人，他根本就不放在眼裡，從來都不屑與盧杞往來。為此，盧杞懷恨在心，千方百計想要算計楊炎。

正好節度使梁崇義背叛朝廷，發動叛亂，德宗皇帝命淮西節度使李希烈前去討伐。

楊炎認為李希烈為人反覆無常，堅決阻撓重用李希烈。

其時，德宗已經下定了決心，對楊炎說：「這件事你就不要管了！」可是，剛直的楊炎並不把德宗的不快放在眼裡，還是一再反對用李希烈，這使本來就對他有點不滿的德宗更加生氣。不巧的是，詔命下達之後，正好趕上連日陰雨，李希烈進軍遲緩，德宗又是個急性子，於是就找盧杞商量。盧杞便對德宗說：「李希烈之所以拖延徘徊，正是因為聽說楊炎反對他的緣故，陛下何必為了保全楊炎的面子而影響平定叛軍的大事呢？不如暫時免去楊炎宰相的職位，讓李希烈放心。等到叛軍平定之後，再重新起用楊炎，也沒有什麼關係！」盧杞的這番話看似為朝廷考慮，而且也沒有一句傷害楊炎的話，但德宗果然聽信了盧杞的話，免去了楊炎的宰相職務。很顯然，一味剛直的楊炎就因為不願與小人交往而莫名其妙地丟掉了相位。

雖然用違背道義、奉迎權勢的態度來處世，固然會毀壞名氣、喪失氣節；但一味剛正不阿，不懂韜光養晦，最終只會禍害自己啊！因此，正直雖然是美好的品行，但為了更好地堅持正義和保存自己，即使你是一個才華橫溢的人，即使你有絕世無雙的本領，必要的時候還是得收起鋒芒，放低身架做人，必須學會適應環境、審時度勢，萬不可清高自傲，一意孤行，我行我素；應虛懷若谷，團結別人，用自己的品行和行動，感染和凝聚志同道合的人。這樣，既能有效地保護自我，又能充分發揮自己的才能，在社會上爭得一席之地。

以退為進，有屈才有伸

以退為進是一種智謀策略。運用這一策略，一般是在施計方暫時力量薄弱、時機不成熟的情況下，不得不採取先忍受屈辱，委於對方，以這種暫時的屈辱，使對方放棄預先的打算，而使己方避凶化吉，蒙混過關，贏得時間。然後再依計行事，逐漸壯大自己的勢力，等待時機，進而制伏對方，消除禍患。

石勒是十六國時期後趙的開國君主，他是從奴隸到皇帝的第一人。石勒年輕時被賣為奴，後來聚眾為盜，最後投奔劉淵。劉淵稱漢帝后，石勒便成為他手下一名得力的戰將。石勒有膽略，善騎射。他在與晉軍爭戰的過程中，不斷壯大了自己的勢力。劉淵對他十分重視，任他為安東大將軍，給他很多特權。晉永嘉六年（三一二年），他身邊的謀臣張賓見他東征西戰，流寇一般，勸他在襄國和邯鄲間擇一根據地，消滅群雄，稱王稱霸。石勒聽取了張賓的建議，率兵佔據了襄國。

當時，晉大司馬、尚書令王浚是石勒開創王業最大的阻礙。永嘉七年（三一三年），石勒決定剷除王浚這個障礙，於是與部下商議策略，張賓又進計道：「王浚表面上是晉臣，其實有篡位之心。此時，他肯定想招攬各路勇士，以圖謀天下。將軍如要成就大業，就得先卑身事人，向他俯首稱臣。取得他的信任後，再設法除掉他。」石勒認為此法甚是，於是派門客王子春等攜帶奇珍異寶，獻給王浚，並進表勸其稱天子。

王浚也非酒囊飯袋之輩，開始時他並不相信，因為石勒獨據趙國舊都，與自己成鼎峙之勢，豈肯甘心臣服於自己。王子春則裝作很坦誠的樣子解釋道，自古以來確實有成為名臣的胡人，卻沒有成為帝王的胡人；石勒不是不想稱帝，只是擔心他一稱帝會招致天怒人怨。所以他才想擁戴「州鄉貴望，四海所宗」的王浚稱帝，而他願效犬馬之勞。王浚聽他說得合情合理，就相信了石勒，封王子春為列侯，並派使者帶著特產回報石勒。

幾經波折，王浚終於完全上了圈套，把石勒當成了助自己成就大業的一員猛將。建興二年（三一四年），一支精銳的輕騎兵日夜兼程，奔襲幽州，這就是石勒的軍隊。石軍行至易水時，王浚諸將聞訊，請求出兵阻截，王浚卻發怒道：「石勒來幽州，是想擁立我為天子，誰敢聲言攻擊他，就格殺勿論。」說完，命人準備筵席，以款待石勒。

天亮時，石勒兵臨薊城門下，叫開城門後，石勒唯恐城中有伏兵，便先把數千頭牛羊趕在前面開道，說是送給王浚的見面禮，實際上是用這些牛羊堵塞各條街巷，使王浚縱有伏兵也無法出擊。王浚這才感到大事不妙，可惜為時已晚。王浚最後被斬首。就這樣，石勒以巧計掃除了通往帝位道路上的一大障礙。

人們常說做人就要是鐵骨硬漢，不可輕易向他人低頭。但是在人生路上，如果我們做事缺少韌性，不會適當地彎曲，就很容易中途受阻，甚至與成功無緣。因此，做人必須懂得屈伸之道。人在遇到不測風雲時，能站起來就站起來，站不起來就得見機振作。要能屈能伸，不可撞到頭破血流，再難有東山再起之日。

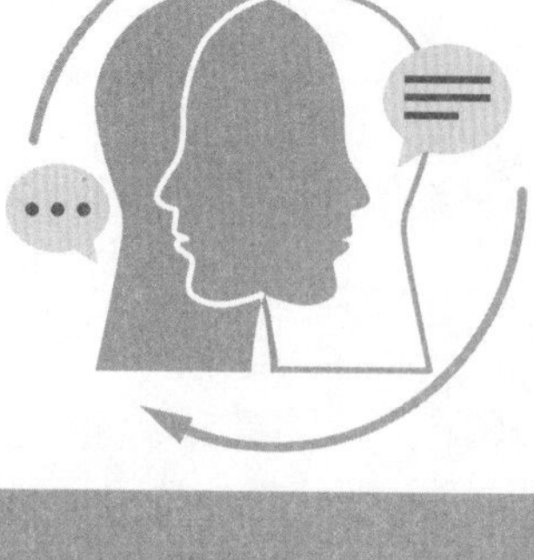

戴上面具，在險惡勢力中克敵制勝

從某種意義上來說，人生就是一場殘酷的戰爭。在戰爭中為了求得生存就有必要偽裝好自己，以此才能克敵制勝。

關於人性究竟是善是惡，可謂是眾說紛紜。人類社會的錯綜複雜，卻是大家所公認的。我們想在社會上立足，不僅要面對朋友，而且要面對敵人。這就要求我們必須懂得偽裝自己，給自己戴上面具去行事，很容易克敵制勝。

瞭解烏龜的朋友一定知道，當人開始抓烏龜的頭時，牠便立刻會將頭和爪子全縮進了殼內裝死，幾分鐘後才慢慢將頭伸出來張望，等敵人走了，牠才敢爬動起來。與之類似，還有兔子蹬鷹的故事。

鷹的眼睛銳利，在高空中便能看清地面上的兔子，而此時兔子並不慌忙，牠只是順勢打個滾，裝作死去，鷹一個俯衝下來，本想這下可以抓住兔子了，可是怪事發生了，當飛鷹到達地面伸開雙爪時，兔子卻一躍而起用雙腳猛踹鷹的胸肚部位，終於鷹悲鳴幾聲，帶著傷痕逃離了地面。

以上雖然都是發生在動物界裡的普通故事，但在人性的叢林中，這一法則也同樣適用。我們每個人都想戰勝對手，當敵我力量懸殊較大時或勢均力敵時，給自己戴上面具去欺詐對方，會使對方很容易上你的當，處於你的擺佈之中，而你此時已成了狩獵的獵人了。當人的力量處於優勢時，也不妨戴上一個面具，這樣會使你事半功倍，達到唾手可得的目標。

總之，面具遮臉是一種計謀。在人性的叢林裡，無處不存在著偽裝。偽裝並不是什麼違背倫理的罪惡。凡是有利於自己的生存，有利於個人能力的實現，都是正當的、合理的。西方哲人曾說過：「凡是存在的，都是合理的。」這話也是有一定道理的，既然我們存在，我們就有理由求生存、求發展，而一切對自我的壓抑和對存在的摧殘則應當被看成是罪惡。

另外，競爭的殘酷特性也決定了偽裝的必然性，使得我們不得不謹慎行事，否則優勝劣汰的法則便不會饒恕我們。

一般來說，面具遮臉有很多種方法，常見的主要有下列幾種：

一、戴上與事實相反的「假」字面具

這種面具就是要在對方頗為迷惑之時，故意發佈一些讓對方上當的資訊。當然，這些資訊對敵人來說可能得之不易或認為準確可靠而極其有用，所以才適用它。要做到假做真時真亦假的境界，這樣假象也便被認為是真的了。

二、戴上毫無還擊之力的「死」字面具

在認清對方判斷的前提下，若詐死詐得像，則可以製造對方判斷的負擔，並使其做出錯誤的判斷而落入陷阱。當我們助長了對方的驕氣，對方便會鬆弛警戒；而你則趁此尋求生的契機。

三、戴上誘人的「利」字面具

人是逐利的動物，無論大利小利他都放不下，當然他也會考慮自己的成本和風險。但更多的情況下他是不怕風險而敢於鋌而走險的。而這時，你最好的辦法就是給予利而誘之。世上任何給予都不是白給的，沒有免費的午餐，以利誘人，比較常見而且也易成功。

做個不挨槍的出頭鳥

俗話說「槍打出頭鳥」，人太完美、太露鋒芒，是很難走遠的。精明的人，總是會故意在明顯處留點瑕疵，絕不做挨槍的出頭鳥。留一點兒瑕疵，讓人一眼就看見「他連這麼簡單的都搞錯了」。這樣一來，儘管你出人頭地，木秀於林，別人也不會對你敬而遠之。一旦他發現「原來你也有錯」，反而會縮短與你之間的距離。

廣浩在某公司人事部工作。有一天，企劃總監突然叫他整理一份優秀員工的資料。據知情人士透露，這其實是一次考試，它將關係到廣浩是否還能繼續在人事部待下去。本來對這樣的工作，他並不感到為難，但有了無形的壓力，便不得不格外用心。他熬了一個通宵，寫好後反覆推敲，又抄得工工整整，第二天一上班，就把它送到了總監的桌子上。

廣浩很快完成任務，字又寫得端正、悅目，而且在內容、結構上也沒有什麼可挑剔的，總監當然高興了。可是，總監快看到最後，笑容越收越緊了。最後，他把文稿退回，讓他再認真修改修改，滿臉的嚴肅，真叫人搞不清什麼地方出了差錯。廣浩轉身剛要邁步，總監像突然想起了什麼似的說：「對，對，那個『副經理』的『副』字不能寫成『付』，改過來，改過來就行了。」就這麼簡單！總監又恢復了先前高興的樣子，誇道：「改得快，不錯。」考試自然過關！

原來，廣浩怕自己寫得太好，蓋住上司的光芒，故意寫了一個錯別字，把副寫成了「付」。有時，人們要學會適當地犯一點無傷大雅的小錯誤，不要在他人面前顯得過於完美，如說上級派你去辦一件事情，在事情還沒有辦完之前，你就不能打包票說一切都沒有問題，即便真是沒有一點問題，那麼你也要向上級說中間可能會有一點點的小問題，在過程當中還是會遇到一點點的小困難等等，否則，上級肯定會認為你在吹牛，降低你對他的信任度。

在與他人相處時，適當地把自己安置得低一點兒，就等於把別人抬高了許多。當被人抬舉的時候，誰還有放置不下的敵意呢？既然人不是上帝，那麼適當的犯點小錯，相信人人都能夠諒解。並且，你的這些小錯誤也給了別人自尊心上的滿足，這樣，別人才不會因為嫉妒而攻擊你。表面上看來，犯錯是不好的，實際上卻是給自己搭了一個獲得好人緣的梯子。所以，在與他人相處的時候，我們不妨恰當的暴露一下自己的缺點，在明顯的地方留一點點瑕疵。

打探消息，首先要隱藏你的真實動機

高明的人士在打探消息時，總能把自己迫切需要某一消息的事實巧妙地掩蓋起來。如果對自己關注的東西顯示出過度的注意，往往會顯露我們探求消息的用意，反而會把事情弄糟。

很多時候，為了讓行動得以順利進行，我們所要掩飾的不是行動本身，而是動機。掩飾動機說到底也是一種「詐術」，中國古代對於詐術有著很高的評價，如「兵者，詭道也」、「兵不厭詐」，等等。至於如何去做，很容易理解，就是假裝出一種動機來給你要矇騙的對方看，而把自己的真實動機隱藏起來。

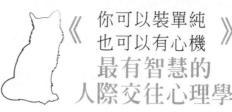

南北戰爭後，美國國內有很長一段時間是多事之秋。因為南方的重建問題，總統詹森與議會產生了分歧，作為軍權在握的國家軍事首腦，格蘭特將軍的處境最為艱難。作為反對詹森的一方，他不想因為二者之間產生明顯的決裂而有損政府的威信。於是，他運用了一個策略，就是假裝病倒，並因此得以脫身，甚至還十分有效。

道奇將軍曾經說起，他曾經和林肯就某一個問題探討很長時間，可是林肯的真實用意直到幾年以後他才知道。道奇是西部聯邦軍隊裡的一位將軍，他前往東部波恩特城軍營，在格蘭特將軍那裡待了兩個星期後，順便赴白宮拜見林肯總統。和林肯談了一會兒，道奇就準備起身告辭，可是林肯把其餘的來賓一一打發，單單把他留了下來，並把他帶到了另外一間屋子裡。

道奇後來對人回憶起這段經歷時說，林肯這時見他臉上略微露出了不安的神色，便從書桌上隨手拿起了一本書。他蹺著二郎腿，把那本書打開，開始朗誦書裡的一段話。那是一篇非常幽默的文章，道奇聽著聽著就忍不住笑了起來，馬上便覺得很自在了。然後，林肯留道奇共進午餐，向他打聽了關於格蘭特將軍及其軍隊的一些事實和看法。道奇說：「過了很多年之後，我才明白他這段問話的用意所在……但在當時，我可一點也不知道，林肯桌上已經堆滿了要求撤換格蘭特的信函。」

就這樣巧妙地偽裝出一種動機，林肯得到了自己想知道的所有資訊，卻絲毫沒有把自己的真實用意或感情表露出來。

曾任芝加哥第一國家銀行總裁的韋特莫爾說：「直接的問話往往不能得到滿意的答案，但是如果向別人表示你對他們事業的關心，卻能讓對方主動給你所需要的東西。」沒錯，向別人探聽消息時，太直接很容易引起對方的懷疑，甚至是敵意，我們往往需要隱藏自己的真實用意。

商人蘭德說道：「與自己所經營的事業有直接關係的人，在與他們的交往中保持絕對的率直沒有任何問題。可是，如果對局外人談論私事的結果往往不堪設想，那絕對是一種『罪過』。一個喜歡把『公司的祕密』告訴別人的人，我不相信他在事業上會取得多大的成功。」

因此，探聽消息的不二法則就是要儘量掩藏你的真實動機，這樣才能使對方怡然自若，告訴你你想知道的一切。

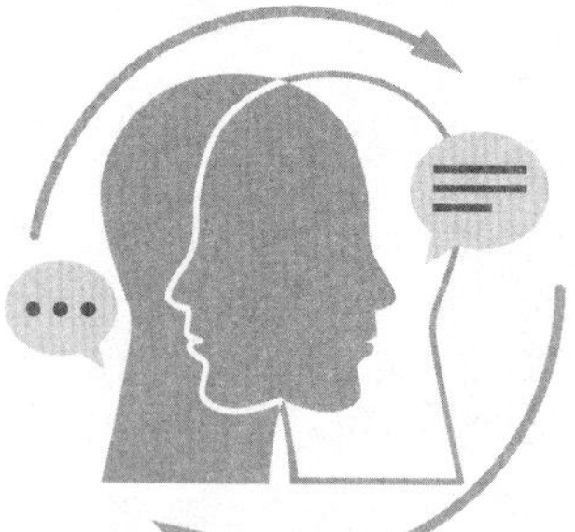

做一個脫殼金蟬，在險中全身而退

三十六計中有云：「存其形，完其勢；友不疑，敵不動。巽而止，蠱。」面對強敵，不可應敵時，表面上保存陣地已有的戰鬥形貌，進一步完備繼續戰鬥的各種態勢，給敵人以震懾，然後暗中謹慎地實行主力轉移，乘敵不驚疑之際脫離險境，就可安然躲過危機，這就是我們常說的「金蟬脫殼」之計。

南宋抗金名將畢再遇，以智謀聞名。畢再遇常年與金兵作戰，一次，他率軍與金兵對壘，久戰不決，金兵援軍趕到，兵力是宋軍的十倍，寡不敵眾之下，畢再遇決定退兵。可是怎樣退兵就是一個問題，若是貿然撤走，對方一路追殺，後果不堪設想。畢再遇冥思苦想，終於有了一計，於是祕密安排起來。首先傳令伙房準備三天的乾糧，士兵們自帶身上。營帳、旗幟一律不動。又傳令手下找來幾隻活羊，將牠們後腿吊起，前腿放在更鼓上縛好。半夜三更，畢再遇傳令馬勒嚼鏈，兵士銜枚，不准點火，悄然集合，趁夜向南撤退。

再說金兵主師請來援兵。大軍一到，稍事休整，準備第二天發起攻擊。但他知道畢再遇智謀非凡，形勢明顯對宋軍不利，此人必定會謀路撤退。於是金兵主帥派出多路哨兵，盯住宋營，若一旦發現宋軍有撤退跡象，馬上揮師掩殺過去，並嚴令哨兵恪盡職守，誤者軍法自治。哨兵們接到命令，一個個都找好位置，向宋營瞭望。

只見今夜宋軍像往常一樣，入夜後即滅燈入睡。旗幟依舊，並不時傳來「咚咚」的更鼓聲。原來，畢再遇退兵前，已讓手下人放開羊前腿。羊被吊疼了，便四蹄掙扎，前腿蹬得更鼓直響。蹬一陣子，羊累了，便停下來。過一會兒，羊有勁了就又掙扎，更鼓就又響起來。遠遠聽了，很像人打更的聲音。

這樣尋常的現象，哨兵們誰也沒發現不對勁。太陽出來了，金兵主帥傳令手下，吃飽飯後全線攻擊，務必一舉殲滅宋軍，活捉畢再遇。而後他上了高坡，向宋營瞭望，卻發現宋營中一個人影也沒有，心叫不好，忙令哨兵貼近觀察，才知道宋軍已悄然撤走，留下了一座空營。當他們進入營帳中發現了會敲鼓的羊，差點沒氣死。

在敵眾我寡的情況下，以少勝多固然能顯現計謀，但是危險性也極高，若想全身而退則更困難，所以儘量選擇以無傷亡的情況撤走是最佳選擇，這時候就能用「金蟬脫殼」之計了。不過，運用此計需要注意的是，「殼」一定要做得真，務必讓對方相信你並沒有抽身，實則你已經遠走高飛，這不僅在戰場上非常有用，外交上、商戰上、職場上、生活中，都是一個保護自己很好的方法。

障眼法求生，讓對手在懵懂中潰敗

俗話說：「智者千慮必有一失」，人生在世，並不是每個人都能夠保持時刻的清醒。在與人交際的過程，別人的懵懂之時，正是我們的機會到來之時，這個時候小小運用一下心理詭計，來點障眼法，就能輕鬆實現目的。

宋國有一個狙公，十分喜愛獼猴。為了觀賞這種似人非人、富有靈性的動物，他專門餵養了一群獼猴。狙公與獼猴相處久了，人猴之間的資訊溝通就成了一種心領神會的交流。不僅狙公可以從獼猴的一舉一動和喜怒哀樂中看出這種動物的欲望，而且獼猴也能從狙公的表情、話音和行為舉止中領會人的意圖。

因為狙公養的獼猴太多，每天要消耗大量的瓜、菜和糧食，所以他必須節制家人的消費，把儉省下來的食物拿去給獼猴吃。然而一個普通的家庭哪有財力物力滿足一群獼猴對食物的長期需要呢?有一天，狙公發覺家裡的存糧難以維持到新糧入庫的時候，因此意識到限制獼猴食量的必要性。

獼猴這種動物不像豬、羊、雞、犬，吃不飽時僅僅只是哼哼叫叫，或者外出自由覓食。對於獼猴，如果不提供良好的待遇，想讓牠們安分守己是辦不到的。牠們會像一群頑皮的孩子，經常給人惹出一些麻煩。既然沒有條件讓獼猴吃飽，又不能讓牠們肆意搗亂，狙公只好想主意去安撫牠們。

狙公家所在的村子旁邊，有一棵高大的櫟樹。每年夏天，櫟樹枝杈上長出的密密麻麻的長圓形樹葉，早已把樹冠裝點得像一頂皇冠。這棵樹下成了人們休息、納涼的好地方。一到秋天，櫟樹上結滿了一種獼猴愛吃的球形堅果橡子。

在口糧不足的情況下，用橡子去給獼猴解饞充饑是個好辦法。於是狙公對獼猴說：「今後你們每天飯後，另外再吃一些橡子。你們每天早上吃三粒，晚上吃四粒，這樣夠不夠？」

獼猴只弄懂了狙公前面說的一個「三」。一個個立起身子，對著狙公叫喊發怒。牠們嫌狙公給的橡子太少。

狙公見獼猴不肯馴服，就換了一種方式說道：「既然你們嫌我給的橡子太少，那就改成每天早上給四粒，晚上給三粒，這樣總夠了吧？」獼猴把狙公前面說的一個「四」當成全天多得了橡子，所以馬上安靜下來，眨著眼睛，撓著腮幫，露出高興的神態。

狙公的聰明令人嘆服，他掌握了獼猴的習性，知道獼猴的弱點和需求，雖然沒有改變橡子的總量，只是朝三暮四——朝四暮三地改變了一下，獮猴前後的態度前卻大相徑庭。

面對複雜的客觀世界，人們常常被實同形異的假象所迷惑，看不清事物的本質。橫看成嶺側成峰，遠近高低各不同，同樣一座廬山，換個角度就變出另一個形狀，如果一直身處山中，就永遠也看不到它的本來面目。對我們自己來說，對待任何事物，都要透過現象看本質，不要被不斷變化的表像所迷惑。而從另一個角度來說，別人的迷惑正是我們的機會，必須要充分的利用。

假扮成受害者，利用他人同情反戈一擊

> 把自己打扮成一個受害者，在對方不加防備的時候反戈一擊，這樣的攻擊最有效，也是最狠的招數。

明朝內閣體制限定六名成員，稱作首輔、次輔、群輔。為了補充內閣成員，崇禎依照祖宗法規，先由九卿共同提名，選出六名以上候選人，再由崇禎帝親自抽籤決定，前一道程序叫做會推，後一道程序叫做枚卜。閣臣名單剛剛確定，詔命尚未頒佈，朝臣中已是議論紛紛了，透過各種管道，各種關係，朝臣們幾乎人人盡知內閣成員選舉結果。

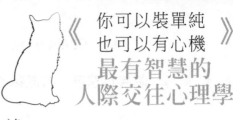

禮部侍郎溫體仁，由於資歷、名望不夠，不在會推名單之上，他又氣又妒。他盤算了一下，就去找禮部尚書周延儒。周延儒也是個野心勃勃的陰謀家，在皇上面前也算是個紅人，但此次會推也未被提名。溫、週二人私下裡共商陰謀。

他們先做好幕後工作，選中名列會推名單之首的錢謙益作為目標，吹毛求疵，大搞他的陰謀。由溫體仁首先發難，向崇禎呈交了所謂的「神奸結黨」疏。疏中惡語攻擊錢謙益，翻出陳年舊賬，借題發揮，專揀崇禎帝深惡痛絕的罪名扣在錢謙益頭上。果然，看畢奏章，崇禎勃然大怒。

第二天朝會時候，崇禎帝高高在上，臉色陰沉沉的，他看了一眼錢謙益，見他面帶春風，眉挑得意，心中一陣厭惡，隨即命侍臣傳令，讓錢謙益與溫體仁當庭對質。

這真如晴空霹靂，相形之下，錢謙益毫無思想準備，十分被動，更顯得理屈詞窮。對溫體仁的突然發難，朝臣們感到氣憤不平，紛紛為錢謙益打抱不平，指責溫體仁居心不良。溫體仁見自己反成了眾矢之的，便向崇禎搬弄是非說：「臣此次會推不與，本應避嫌不語，但選舉閣臣事關宗社安危，錢謙益結黨受賄，舉朝無一人敢言，臣不忍見聖上遭受蒙蔽、孤立無援，才不得不說。」溫體仁危言聳聽，卻字字落在崇禎的痛處，他最恨大臣結黨營私、腐敗受賄；他又最怕大臣們蒙蔽欺騙他，所以，崇禎認定溫體仁忠心耿耿，對錢謙益更恨一層。於是錢謙益被罷了官，遣回籍聽候發落。

錢謙益事件過去後，朝中大臣餘憤未平，有幾人交相上疏參劾溫體仁。溫體仁見勢不妙，便主動向皇上提出辭職，並申訴自己因為秉公辦事而得罪了百官，博得了皇上的同情。他又趁熱打鐵，誣告揭發他的毛九華、任贊化都是錢謙益的死黨，使錢謙益事件再起風波，溫體仁大長個人威風，為他擠入內閣進一步鋪平了道路。

果然，兩年以後，溫體仁如願進入內閣。

生活中，就是有一些像溫體仁這樣的人，經常為了討好別人獲取自己的利益而不惜與大多數人為敵。但由於這種人善於揣測別人的意圖，站在一邊假裝受害者，反而博得別人的好感，達到自己升遷等目的。

雖然這些人做事有失道義，但他們這種假扮受害、倒戈一擊的手段，卻給我們行走於複雜的社會帶來很大啟示。做人要靈活，學會一套變臉的本領，不能總是強勢地擺出紅臉，適當地裝出一副楚楚可憐的白臉，往往更容易打動他人，讓他人為自己出手，因而輕鬆實現自己的目的。

Chpater

6

糊塗心理學 × 大智若愚

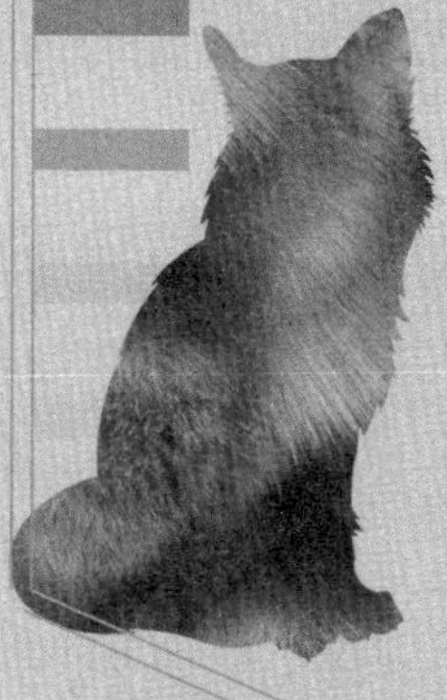

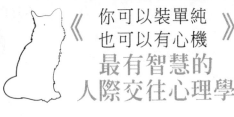

若愚的大智才是真精明

為人處世，是精明一點好，還是糊塗一點好，各人有各人不同的答案。但是卡內基認為，在人脈中還是「糊塗」一點好，當然這種糊塗並不是真的糊塗，而是希望我們學會一點大智若愚的技巧，避免一些弄巧成拙的尷尬。

英國首相邱吉爾頻頻向羅斯福發出告急求救，懇求美國伸出援助之手，面對整個社會對戰爭的反對態度和國會的僵硬立場，羅斯福總統心有同情卻無力行動。但羅斯福一方面順應人民的和平願望，另一方面又以偉大政治家的智慧重視著戰爭形勢的發展，保持對希特勒德國和日本軍國主義的理性認識。在一九四〇年最後幾個星期，美國國會通過了租借法案，羅斯福終於贏得了一次勝利。

終於還是日本帝國主義為羅斯福創造了這個千載難逢的「時機」。一九四一年十二月七日星期日，珍珠港事件爆發，日本投向珍珠港的炸彈，不但粉碎了美國艦隊，同時也打破了羅斯福戰爭政策的僵局。當許多人認為羅斯福總統應該在他的戰爭諮文中詳細檢查一下他的對日政策時，羅斯福根本不予關注，對他來說，唯一重要的是戰爭這一事實本身。

第二天，當他出席國會兩院聯席會議時嚴肅地要求國會宣佈全國處於戰爭狀態時，他演說中最重要的一句話就是「戰爭狀態已經存在」。是的，高潮只有幾個小時，然而它所帶來的教訓卻是羅斯福平日的說教所達不到的。

羅斯福的「袖手旁觀」，靜待時機，使他面臨大事不糊塗，並取得了最後的成功。當然，糊塗的範疇很廣，我們在這裡無法把所有的都涵蓋，只能說真正的大智若愚還要在日常的累積中感悟。真正能巧用模糊語言，偶爾裝裝糊塗，將有助於經營你的人脈，改善你的人際關係。

裝糊塗使對方放鬆防備

裝糊塗裝得像，就會讓別人信以為真地認為你是個傻瓜，而實際上對方才是那個真正被搞糊塗了的傻瓜。這時你再想辦法對付他，就等於在對付傻瓜，自然不費吹灰之力。

司馬懿可謂魏王朝的三朝元老。他與大將軍曹爽同時受命輔佐曹芳。二人實際共同掌握了曹魏的軍政大權。

他倆各領精兵三千餘人，輪番在殿中值班。起初，兩人關係還算和睦。但後來，由於門客不斷進言，認為司馬懿對皇室是潛在的威脅，不可對他推誠信任。於是曹爽遂於景初三年（二三九年）二月，使魏帝下詔，說他德高望重，理應位至極品，因而從太尉升為太傅。用明升暗降的辦法，使司馬懿的兵權被剝奪。以後尚書奏事，均先經過曹爽，大權遂為其所獨攬。

對於曹爽及其黨羽的奪權之舉，司馬懿早已看破其用心，但他洞察形勢，認為自己目前處於不利地位不可馬上採取過激的對抗行動。於是，司馬懿以退為守，把政權拱手讓給曹爽；並以年老病弱為由，不問政事。這使得曹爽的政治警惕逐漸放鬆，自以為大權在握，可以不用擔心地尋歡作樂、縱情聲色，名聲也就一落千丈了。

後來曹爽對司馬懿的病感到有些懷疑，恐怕其中有詐，正巧此時曹爽的親信李勝將出任荊州刺史，曹爽命他向司馬懿辭別，乘機伺察司馬懿生病的真相，但司馬懿都一一應對，讓其信以為真。

嘉平元年（二四九年）正月，魏帝按慣例將率宗室及朝中文武大臣，到城外祭掃魏明帝的陵墓。喪失警惕的曹爽兄弟及其親信都前呼後擁地跟著小皇帝曹芳去了。裝病臥床不起的司馬懿認為時機已到，將經長期周密策劃、精心準備的力量積聚起來，發動了政變。

他和兒子司馬師、司馬昭，率部眾以迅雷不及掩耳之勢，佔領了城門、兵庫等戰略要地和重要場所，並上奏永寧太后，廢免曹爽大將軍的職務，剝奪了他的兵權。又親率太尉蔣濟等勒兵屯於洛水浮橋，派人給魏帝呈上司馬懿要求罷免曹爽的表章。之後又一舉殲滅了曹爽的餘黨。

二月，魏帝進封司馬懿為丞相。十二月又加九錫之禮，享受朝會不拜的殊禮。自此司馬懿威震朝野，實際掌握了曹氏政權的軍政實權，史稱「高平陵之變」。

善於蒙蔽對方，讓對方糊塗，然後乘其不備迅速發動反擊，往往能取得勝利的先機。司馬懿無疑是其中高手。政變是封建時期統治階級內部政治鬥爭的最高表現形式，具有極大的危險性。司馬懿取得政變成功的關鍵是依賴於蒙蔽對方，使對手放鬆了警惕，因而獲得反擊的機會。

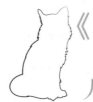

可見，與人較量需要的是頭腦而不是武力。而如果能採取對的方法蒙蔽對方，讓對方完全對你放鬆警惕，那最容易取得成功。

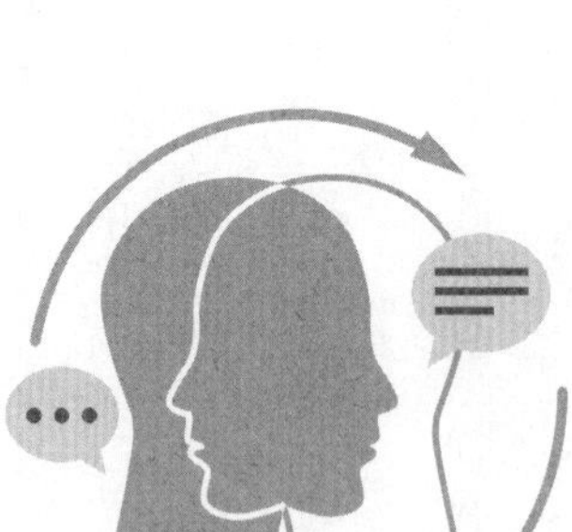

裝瘋賣傻，假裝愚蠢出奇制勝

有些時候，我們面對謬論，面對強辯，假裝愚蠢，故作糊塗，謬釋敵意，恰好可以暴露對方缺點，然後攻其不備，出奇制勝。

美國第九屆總統威廉・哈里遜，小時候家裡很窮，他沉默寡言，人們甚至認為他是個傻孩子，他家鄉的人常常拿他開玩笑。比如拿一枚五分的硬幣和一枚一角的銀幣放在他面前，然後告訴他只准拿其中的一枚。每次，哈里遜都是拿那枚五分的，而不拿一角的。

一次，一位婦女問他：「孩子，你難道真的不知道哪個更值錢嗎？」

哈里遜回答說：「當然知道，夫人。可是只要我拿了那枚一角的銀幣，他們就再也不會把硬幣擺在我面前，那麼我就連五分也拿不到。」

看得出來，哈里遜表面「傻」，裝作不知道一角比五分多，可是他的「傻」裡面蘊藏著智慧，因而使自己總能拿到錢。

大智若愚運用在語言責問非難中，是指對對方的謬論，假裝不明白，沒能發現他的本意，故作曲解，謬釋其意，諷言刺人。

在某機場售票廳裡，旅客們正在排隊買票，突然，一位紳士粗暴地擠到售票窗前指責售票員工作效率太慢，當人們要他排隊時，他又嚷道：「你們叫什麼？不知道我是誰嗎？」

對此，售票員平靜地向旅客說：「各位，這位紳士有些健忘，已經不知道自己是誰了，不然，我想他不會做出有失身分的舉動的。誰能幫助他回憶一下，他是誰呢？」

售票員的話引來了陣陣笑聲，紳士羞得滿臉通紅，悻悻地走了。

售票員面對紳士的粗野，假裝不知，順勢糊塗，實則機智幽默，大智若愚。

大智若愚是曲線型思維的結果，即採用拐彎抹角的進攻方式，因此，運用此法可以產生強大的嘲諷和幽默效果，是論辯家常用的雄辯技巧。

關於這一點，曾發生這麼一個有趣的故事。

有一次，一個銀行家揶揄地問大仲馬說：「聽說你有四分之一的黑人血統，是嗎？」

「我想是這樣。」大仲馬說。

「那令尊呢？」

「半黑。」

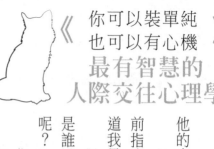

「令祖呢？」

「全黑。」

「請問，令尊祖呢？」

「人猿。」大仲馬一本正經地說。

「閣下可是開玩笑？這怎麼可能？」

「真的，是人猿，」大仲馬怡然地說，「我的家族從人猿開始，而你的家族到人猿為止。」這裡，大仲馬開始用「假癡」佯裝自己的真實目的，麻痺銀行家，然後反守為攻突然出擊，使對方猝然不防陷於窘境。

現實交際中，懂得順勢裝糊塗，可以輕鬆麻痺對方，因而讓對方陷入被動境地。然後再採取反攻策略，便可以輕鬆制勝了。

處世還需「打混仗」

所謂「打混仗」，就是遇到難題，包括進諫、爭執及糾紛等，不在是非對錯上糾結，而是不斷調和、折中，「抹平」才算和諧，「搞定」才算穩定。

人們都會覺得「打混仗」多少有些貶義，但綜觀當今那些為人處世的高手，幾乎都懂得「打混仗」的藝術。他們儘量不去招惹強勢者，或者在強勢者之間周旋，察言觀色，見人說人話，見鬼說鬼話。這種看似是有些狡猾的生存方式，其實它是聰明人辦事成功至關重要的基本功。

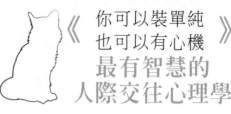

漢元帝劉奭登基之後，採用了賢者王吉和貢禹。當時朝廷內的最大問題是外戚和宦官專政，但是當漢元帝問起貢禹對國家大事有什麼意見時，貢禹卻對皇帝說，請他注意節儉，因為勤儉才能治國。漢元帝天性就吝嗇得很，一聽貢禹這麼說，正合他意，而又能顯現他的功德，立刻將很多節儉措施付諸行動。

不料，貢禹這一提議非但沒有得到後世政治家司馬光的讚揚，反而遭到了他的嚴肅批評。司馬光在《資治通鑑》中說：「忠臣侍候君主，要揀皇帝最嚴重的錯誤、最難改正的毛病，第一時間提出來，督促他改正，其他小毛病就順便改正了。漢元帝剛登基，有心向上，恰如一張白紙，他虛心向貢禹請教，貢禹就應該抓住機遇，先指出最急的問題，後說那些不著邊的事。漢元帝的最大問題是什麼呢？『優遊不斷，讒佞用權』。可是貢禹隻字不提，而是喋喋不休地講勤儉。漢元帝的天性愛節約，貢禹卻說個沒完沒了，是何居心？如果貢禹不知道國家的問題，怎麼能被稱為賢良？如果他看出來又不肯說，反而顧左右言他，罪可就大了！」

皇帝剛剛登基，表現虛心納諫，大部分都是裝裝樣子，表面功夫，貢禹懂得察言觀色，使他深得皇帝之心，如此才能保證他的將來。但司馬光對此不以為然，認為為人臣子，就要努力幫助皇帝整頓朝廷。他本人也是這麼做的，面對宋朝內部的新舊黨問題，治國問題，他不斷地在皇帝面前表現自己的強勢，絲毫不理會君王的心情。

結局怎樣呢？「伴君如伴虎」，天威難測，當時的皇帝可能無法動搖司馬光的權臣地位，但司馬光最後不也是急流勇退，鬱鬱而終了嗎？他的話皇帝又聽進去幾句呢？雖說貢禹這種只求自保，順著上司說話的做法不值得提倡，不過在當時是不得已而為之，因為元帝不是一個能納諫的人。

如果我們在工作中，尤其是面臨職場生存的問題，上司是一個能夠納諫的人，可以委婉地說出自己的建議，並不時的察言觀色，適時遞上一些恭維話，把內心硬邦邦的建議用「打混仗」的方式進行表達，這才是現代人的進諫方法。

其實，不僅僅是在職場，在任何存在人際交流的社交環境中，「打混仗」都是一門有必要掌握的藝術。

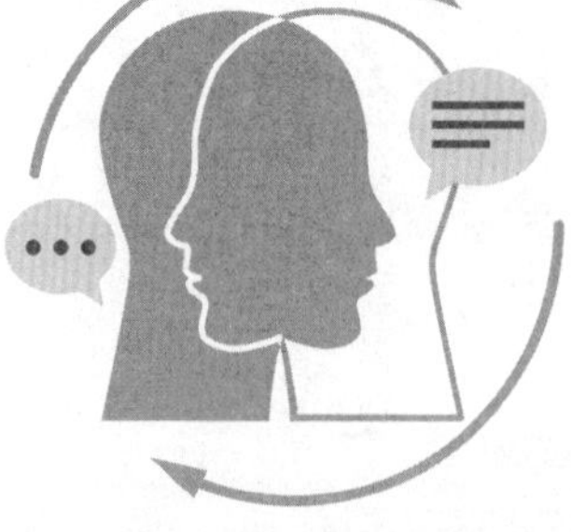

靜中韜光養晦，退中方求全身

人世間的許多危險，都不露痕跡地潛藏在看似波瀾不驚的環境中。具有大智慧的人深諳避禍之道，即於靜中韜光養晦。

唐朝大將郭子儀戎馬一生，屢建奇功，可謂是功高蓋主。他的王府建在首都長安的親仁里。汾陽王府自落成後，每天都是府門大開，任憑人們自由進出，郭子儀卻不允許其府中的人對此加以干涉。

有一天，郭子儀帳下的一名將官要調到外地任職，來王府辭行。他知道郭子儀府中百無禁忌，就一直走進了內宅。恰巧看見郭子儀的夫人和他的愛女正在梳妝打扮，而王爺郭子儀正在一旁侍奉她們，她們一會兒要王爺遞毛巾，一會兒要他去端水，使喚王爺就好像奴僕一樣。這位將官當時不敢譏笑郭子儀，回家後，他忍不住講給他的家人聽，於是一傳十，十傳百，沒幾天，整個京城的人都把這件事當成笑話來談論。郭子儀聽了倒沒有什麼，他的幾個兒子聽了卻覺得太丟父親的面子，於是決定勸說父親。

他們相約一齊來找父親，要他下令，像別的王府一樣關起大門，不讓閒雜人等出入。但郭子儀對他的兒子們語重心長地說：「我敞開府門，任人進出，不是為了追求浮名虛譽，而是為了自保，為了保全我們全家人的性命。」幾個兒子感到十分驚訝，忙問其中的道理。

郭子儀歎了一口氣，說道：「你們光看到郭家顯赫的聲勢，而沒有看到這聲勢有喪失的危險。我爵封汾陽王，往前走，再沒有更大的富貴可求了。月盈而蝕，盛極而衰，這是必然的道理。所以人們常說要急流勇退。可是眼下朝廷尚要用我，怎肯讓我歸隱？再說，即使歸隱，也找不到一塊能夠容納我郭府一千餘口人的隱居地呀。可以說，我現在是進不得也退不得。在這種情況下，如果我們緊閉大門，不與外面來往，只要有一個人與我郭家結下仇怨，誣陷我們對朝廷懷有二心，就必然會有喜歡落井下石、嫉賢妒能的小人從中添油加醋，製造冤案，那時，我們郭家的九族老小都會死無葬身之地的。」幾個兒子聽了之後方才明白老父親的一番苦心。

郭子儀以不世之功，「權傾天下而朝不忌，功蓋一代而主不疑」，於建元二年（七八一年）六月十日，以八十五歲的高齡辭世。

郭子儀能夠一生常榮而不衰，是因為他懂得於最盛時期掩藏自己鋒芒的道理。正所謂：「小隱隱於野，中隱隱於市，大隱隱於朝。」能夠在危險的環境中伏藏，以謙卑的姿態做一名朝中的隱者，既得上級歡心，又能建自己的功業，還能保全自己及家人。如此才是最高明的隱者之道。

在我們的一生中，也許不會如郭子儀這樣成就驚天偉業，但是也會遭遇各式各樣的境遇，如何於變幻繁複的環境中保全自己，真的需要高人一等的智慧。郭子儀的立身之道給我們展現了韜晦智慧的精妙，值得我們去領悟、去思考。

用「無能」換取別人的信任

正如「倚老賣老」一樣，「倚弱賣弱」也是一種讓對手無處下手的策略。消極至極反而就成了積極的因素，弱到對方無法發力，反而成了一種勝利。

道光皇帝老邁之後，欲立皇子，奕詝年齡最長，但各方面都不如弟弟奕訢，於是一直拿不定主意。這天風和日麗，道光要帶領六個皇子去南苑打獵，意在考驗皇子們的文才武略和應變能力，以便確立皇儲。奕詝和奕訢都摩拳擦掌欲一較高下。

四皇子奕詝的老師杜受田足智多謀，他在四皇子身上下的工夫很大，希望他能登上皇位，自己也跟著沾光。可是他也掂量過，奕詝與其他皇子比較起來，除了排行第四占了個有利的條件之外，其他方面都很平常，甚至略遜一籌，如若稍一讓步，這皇位定然被六皇子奪去，為此急得他直發愁。

安德海看出了門道，上前問道：「你老人家滿臉愁容，定有為難之事，莫不是為明日南苑採獵之事？」

杜受田心想，這孩子能看出我的心事，看來是個有心計的人，隨口道：「說下去！」

安德海道：「我曾聽人講過，三國時曹操的長子曹丕和三兒子曹植也有相似之處，不過奴才記不太清了。」

杜受田頓時眼前一亮，知道該怎麼做了。杜受田吩咐奕詝：你到時候就如此這般……

次日，道光帶領六個皇子來到南苑，傳旨開始圍獵。諸位皇子各顯身手，六皇子奕訢，幾乎箭無虛發，滿載而歸，而四皇子奕詝卻是兩手空空，一無所獲。道光帝不由得龍顏大怒，大聲呵斥。奕詝不慌不忙地奏道：「兒臣以為，目前春回大地，萬物萌生，禽獸正是繁衍之期，兒臣不忍殺生害命，恐違上天好生之德，是以空手而回，望父皇恕罪。」

道光聽罷，心想這倒是我沒有想到的，倘若讓他繼位，必能以仁慈治天下，不禁轉怒為喜，當下誇獎了四皇子的仁慈之心。又過了幾年，道光帝憂慮成疾，自知不久於人世，急喚諸皇子到床前答辯。消息傳開，四皇子和他的老師杜受田都知道這是最關鍵的一次較量了，能否登基就在此一舉。

安德海又獻上一計說：「萬歲爺病重，到床前之後什麼也不用說，只說願父皇早日康復就行，剩下的就是流淚，卻不要哭出聲來。」二人一聽大喜。

次日，六位皇子被召至龍床前。果然，道光提出一些安邦治國的題目讓諸皇子回答，六皇子答得頭頭是道，道光甚為滿意，卻發現四皇子一言不發。道光一問，他頭一轉，淚如雨下說：「父皇病重，龍體欠安，兒臣日夜祈禱，唯願父皇早日康復。此乃國家之幸、萬民之福。此時兒臣方寸已亂，無法思及這些。倘父皇遇有不測，兒臣情願伴駕而行，以永侍身旁。」說完淚水漣漣，越擦越多。

道光聽了心中深受感動，心想此真孝子仁君，於是決定立四子奕詝為太子，這就是二十歲登基的咸豐皇帝。

可見，「無能」也是一種資本，用「無能」來換取別人的信任和感動，這怕是「聰明人」難以做到的。所以，在人際場中切忌為了競爭而太過表現自己，有時候示弱也是一種能力。

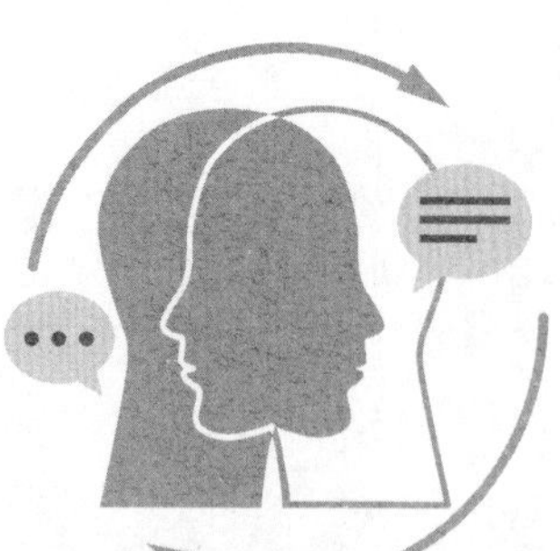

遇事模糊表態才能成就不敗人生

做人最怕人扯後腿，說話表態最好不要遺人話柄。把模糊當做一種境界，不敗的人生從慎言慎行做起。

某校某班在一次高考中，數學和英語成績突出，名列前茅。校長在開會時這樣說：「數學考得好，是老師教得好；英語考得好，是學生基礎好。」

在座的老師聽罷議論紛紛，都認為校長的說法有失公正。有位姓劉的老師起身反駁：「同一個班，師生條件基本相同。相同的條件產生了相同的結果，原是很自然的事，卻得到不公平的待遇，實在令人費解。原有的基礎與而後的提高，有相互聯繫，不能設想學生某一學科基礎差而能提高得快，也不能設想學生某一學科基礎好而不需要良好的教學就能提高。校長對待教師的教學不一視同仁，將不利於團結，不能提高廣大教師的積極性。」

劉老師的這一席話說到大家心裡去了，可是劉老師畢竟挑戰了校長的尊嚴，大家都很擔心，會場一時陷入了沉默，這時校長笑了起來，他說：「大家都看到了吧，劉老師能言善辯，真是好口才。很好，很好！」

老師們看校長沒有惱怒，都鬆了一口氣，會場的尷尬氣氛就緩解了。儘管別人猜不透校長說這話的真實意思，卻不得不佩服他的應變能力。他為自己鋪了臺階，而且下得又快又好。聽了校長對劉老師質問的回答後，沒有人再就此問題對校長進行反駁了。

遇到別人的質疑或者追問時，模糊表態是一種很有效的策略。輕輕一閃，就會把對方千斤的力量化於無形，同時還為自己爭取到思考對策的寶貴時間。另外，模糊表態的姿態會給對方製造一種高深莫測的感覺，使其不會對自己的行為產生懷疑。

有些時候，「明白直露」的說話方式不是傷人就是害己，然而默不作聲又不免讓人認為是想做老好人。倘若迫於情勢，你不能不有所表態的話，最好還是「模糊表態」。例如，你可以說：「這件事比較棘手，讓我看看再說。」這樣，就給自己以後的態度留下了迴旋的餘地。

Chpater

7

權威心理學 × 取得他人信服

讓人知道你是「有身分」的人

「身分」是一個很奇怪的東西，看不見摸不著，但能夠被真真切切地感受到。成功的領導者和員工待在同一間辦公室裡，即使衣著差不多，別人也能一眼看出來誰是員工，誰是領導者。領導者的身分不是靠權力和制度來劃定的，而是日常工作中有意「經營」出來的。領導者要適當表現自己的「身分」。如果不能表現出這一點，那麼這個領導者就是不合格的。

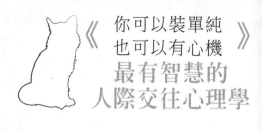

生意場上的人要有意做一些可以顯示身分的事情，有些消費並不一定是他們真正需要的，但這樣做可以堅定下屬乃至合作者的信心，並消除外界的懷疑。一旦政府或企業的高層管理者長期沒有這類舉動，就會有一些不利的「流言」傳播。一個人長期低調、謹慎，就會有內部外部的人猜測，他是不是職位不保、面臨調整？從這個意義上來講，領導者講身分和大牌明星講排場，都是同一個目的。

為了顯示身分，領導者還要注意自己的講話方式。一般來說，在辦公室裡跟員工講話，要親切自然，不能讓員工過於緊張，以利於對方更好地領會自己的意圖。但是在公開場合講話，比如在公司大會演講，做報告，就要威嚴有力，有震懾效果。

如果遇到員工意見與自己意見相左的情況，可以明確給予否定。如果員工的意見的確是對公司、對自己有利的，也不要急於發表看法，可以先說「讓我仔細考慮一下」或「容我們研究、商量一下」。領導者可以利用時間從容仔細考慮是取是捨，提出意見的員工也不會沾沾自喜，而會愈加謹慎。這樣做在無形中增加了領導者的權威，比草率決定要好得多。除了注意言語，行為更加重要。

領導者的權威身分，一般都是由適合的行為動作表現出來的。聰明的領導者切不可在員工面前舉止失度，行為輕佻。你如果在內部獲得了提升，就會發現：原來平級的同事對自己的新身分表現得滿不在乎，甚至不服氣。如何突破這一考驗呢？不可以擺架子，那樣就容易把自己孤立起來。但可以有意拉開距離，不再一起吃吃喝喝、隨意聊天，也可以在人事上進行一些調整，殺一殺不服之人的傲氣。只有這樣，才能讓他們意識到誰才是領導者。領導者對自己的身分還有另一個擔心：消磨日久，他人對領導者的身分感覺變得麻痺。即使是中國古代的皇帝，具有任意的生殺予奪的權力，也時常有臣民或侍人忘記應有的禮儀和尊崇。皇帝是這樣做的，透過嚴肅的儀式和殘酷的殺人方式，不斷提醒他的臣民和奴僕：這是至高無上的皇上，他的力量有多麼強大。領導者也要經常顯出自己的身分。

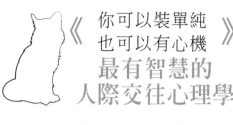

要有鮮明的立場，不可遷就大多數

如果領導者一味服從多數，而無自己的立場和見解，威信就無法建立，人們會想，既然總是少數服從多數，每次直接投票就好了，要領導者做什麼？

某廠有個工人偷竊了廠裡的線纜，偷得雖然不多，但性質很嚴重。廠長準備對此事嚴肅處理。可是這個人在工廠的平時人緣不錯，上上下下都多少有些交情，於是很多人替他求情。

有人說：「念他初犯，先饒他這一次吧。」

有人說：「數量不多，又沒給廠裡帶來多大損失，幹麼這麼嚴肅？」

最理直氣壯的一種說法是：「你看，我們這麼多人都來給他求情。少數服從多數，廠長也該聽聽我們的意見。」

廠長義正詞嚴地回答說：「什麼少數服從多數？廠規是廠裡最大多數人通過的，要服從，就服從這個多數。」最後在廠長的堅持下，報警處理。

這件事發生後的一段時間內，廠長好像有點被孤立，但時間隨著一長，理解和贊同他的人便越來越多了，而偷盜廠內財物的情況也從此大為減少。

領導者一定要有鮮明的立場，不可盲從多數。雖說「少數服從多數」是一句人人慣說的口頭禪，但還有一句話說的是「真理往往掌握在少數人手裡」。不要認為只有照多數人的意見辦事，才能和平地收拾局面，才不會把事情搞僵。最重要的是對真理的判斷，而不是對人數的判斷。有些居心叵測的人很善於忽悠群眾，以「多數」作後盾而提出無理要求，這樣的「多數」就無須服從。

輕諾者寡信

「取信於民」是每個管理者開展工作的基石，如果得不到下屬的信賴，天長日久，管理者的威信就會一落千丈，其領導地位就會失去基礎。古人云，一言既出，駟馬難追；言必行，行必果。這是做人的學問，也是管理者處理好人際關係樹立自己威信的準則。

不少管理者所做的最糟糕的一件事就是愛許諾，可是他們卻又偏偏不珍惜這一諾千金的價值，在聽覺與視覺上滿足了下屬的希望之後，又留給了人們漫長的等待與終無音訊可循的噩耗。

諾言最能激發人們的熱情。試想在你頭腦興奮的狀態下，許下了一個同樣令人興奮的諾言：若能超額完成任務，大家月底將能夠拿到百分之四十的分紅。這是怎樣的一則消息啊！情緒高亢的人們已無暇顧忌它的真實性了，想像力已穿過時空的隧道進入了月底分紅的那一幕。

接下來人們便數著指頭算日子，將你的許諾化為精神的支柱投入到辛勤工作之中去了。到了月底，人們關注的焦點還能是什麼呢？而你此時最希望的恐怕就是有一場突如其來的大事件，將人們的注意力統統引向另一個震盪人心的事件，最好是大家就此得了失憶症，在見到你時，問你的都是「我是誰？」這樣的問題。

就如你讓一個天真的孩子替你跑腿送一份急件，當孩子跑回向你索要獎賞時，你卻溜之大吉，那孩子可能會由此而學會了收取訂金的本領。一旦下屬有了這樣的心態，那管理者在組織中就是一個徹底的失敗者，權威沒有了，難得的信任也消失了，哪裡還有權威可言？

須知，管理者的命令不是聖旨，但其承諾卻有著沉甸甸的分量。對於不能實現的諾言，最好今天就讓下屬失望，也不要等到騙取了下屬的積極性後，到了明天反而讓他們更失望。

當然，這裡要宣揚的是許下諾言並勇於承兌諾言的守信作風。想想田間耕耘的老農，他從綠油油農作物看到了來年收成的希望。許諾也會讓下屬感覺到將要收穫一個沉甸甸的未來。諾言的承兌讓所有等待了許久的人有一種心滿意足的喜悅，更堅定了他們未來就在自己手中的信念。那樣，管理者將成為眾人關注的焦點，伸向管理者的不再是討要報償的大手，而是熱情的、助其成就事業的有力臂膀。

利用情感樹威

在人際交往中，感情是必不可少的因素。感情是相互間建立良好關係的潤滑劑。聰明的管理者，都十分注重感情投資。對於感情投資，必須有一個正確的認識。應該是自覺地、一貫地，不能只做表面文章，保持三分鐘熱度。以情動人貴在真誠持久。「路遙知馬力，日久見人心」，大多的感情投資需要較長的時間才能結出果實，因為人與人之間的理解與信賴需要一個過程。

感情投資不講究一日之功。如果管理者能長期注重感情投資，對管理將會大有裨益。感情是聯繫人際關係不可缺少的紐帶，存在於管理者與下屬之間，這種感情是互相影響的。想得到下屬的理解、尊重、信任和支持，首先應懂得怎樣理解、信任、關心和愛護他們。有投入才會有產出，有耕耘才會有收穫，不行春風，哪得春雨？所以，作為一名管理者，一定要高度重視對下屬以心換心，以情動情。

與下屬以心換心、以情動情之所以必要，是因為人人都有這種需要。馬斯洛的

「需求層次說」認為：凡是人都希望別人尊敬和重視自己，關心體貼自己，理解信任自己。這種需要，是屬於心理上和精神上的，是比生理和物質上更高級的需要。物質只能給人以飽暖，精神才能給人以力量。

「士為知己者死」，如果管理者能夠對下屬平等相待，以誠相見，感情相通，心心相印，從思想上理解他們，從生活上關心和愛護他們，在工作上信任支持他們，使他們的精神得到滿足，他們就會煥發出高昂的熱情，奉獻出無私的力量，就會把工作做得更好。

許多古代政治家都善於以心換心，以情動情。劉邦的「信而愛人」，唐太宗的「以誠信天下」，都是頗為動人的領導行為。每個人都需要別人特別是管理者的同情、尊重、理解和信任。如果管理者能夠注意這一點，並身體力行，那麼組織就會出現和諧、融洽的氣氛，內耗就會減少，凝聚力和向心力就會大大增強。

民諺裡關於以心換心、以情動情的話比比皆是。「投之以桃，報之以李」，「你敬我一尺，我敬你一丈」，等等。在現實的公司管理工作中，上司更應該感情投資，知曉人情也是自己雄厚的資本。

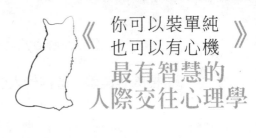

澆樹要澆根，帶人要帶心

一個組織或團隊彙集了來自五湖四海的人，作為管理者應該想一下：這些性情各異的人為何會聚集在你的周圍，聽你指揮，為你效勞？俗話說：「澆樹要澆根，帶人要帶心。」管理者只有摸清下屬的內心願望和需求，並予以適當的滿足，才可能讓眾人追隨你。

下面是專家對普通勞動者共同需求的分析，作為管理者應熟諳於心。

一、同工同酬

大多數人都希望他們工作能得到公平的報償，即同樣的工作得同樣的報酬。他們不滿的是別人做同類或同樣的工作，卻拿更多的錢。他們希望自己的收入符合正常的水準。偏離準則是令人惱火的，很可能引起大家的不滿。

二、被看成是一個「人物」

人們往往希望自己在夥伴的眼裡顯得很重要。他們希望自己的出色工作能得到承認。鼓勵幾句、拍拍肩膀或增加工資都有助於滿足這種需要。

三、步步高升的機會

大多數人都希望在工作中有晉升的機會。向前發展是至關重要的，沒有前途的工作會使人產生不滿，最終可能導致辭職。

四、在舒適的地方從事有趣的工作

人們大都把這一點排在許多要素的前列，他們希望有一個安全、清潔和舒適的工作環境。但是，如果對工作不感興趣，再舒適的工作場所也無濟於事。

另外不是每個下屬在工作和業務中都會有顯著的成績。這些下屬雖然表現一般，但並非說明他們沒有能力，有些是很不錯的，只不過他們的能力還沒有被激發出來，而且，他們也更需要管理者的關注和激勵。這就要求管理者要有挖掘這些一般下屬優點的眼光，如果管理者能夠在日常的工作事務中發掘出他們的優點，並對於優點予以哪怕是口頭上的表揚，就可能因此改變很多人，大大激發他們的潛能。

小王是一家公司的技術員，由於剛從專科畢業至此，對實際工程操作還不順手，在第一年中幾乎沒有任何可圈可點的表現，他自己也灰心喪氣。但是這家公司的老闆卻發現小王有一個優點，就是理論基礎扎實，於是老闆不僅私下找小王談心，表揚他這個優點，並把他放到車間裡進行鍛鍊。結果一年以後，小王憑他深厚的理論功底再加上實踐經驗，設計出了一套新的操作流程，為該公司帶來了更多利潤。

即使下屬沒有潛在的才能，但只要他誠誠懇懇、兢兢業業，就值得讚揚。年利潤高達數十億美元的美國玫琳凱化妝品公司經理說，有兩件東西比金錢和性更為重要——認可和讚美。

的確，金錢在提高下屬們的積極性方面不是萬能的，而讚美卻恰好可以彌補它的不足，在這方面表現得更為有力。因為生活中的每一個人，包括你的下屬們都是有自尊心和榮譽感的人。你對他真誠的表揚與稱讚，就是對他價值的最好承認和重視。而能真誠讚美下屬的管理者，能使員工們的心靈需求得到滿足，因此更容易得到他們的擁護，縮短了他們與管理者之間心理的距離。

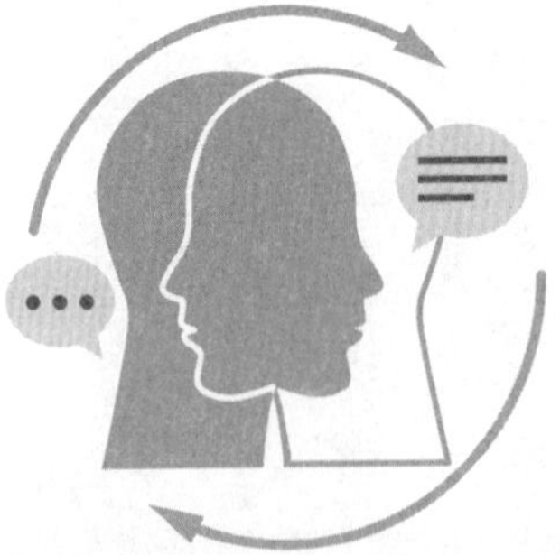

讓自己保持「競技狀態」

一般來說，下屬對新任的管理者或新進人員對自己的管理者總是十分注意的。管理者的一言一行、一舉一動，都會給大家留下難以忘卻的印象。這「第一印象」如何，對管理者以後的工作會產生長久的影響。

管理者在上任時要充滿信心地去上任，千萬不能有怯陣的表現，要像發起衝鋒前的戰士那樣，滿懷必勝的信念去迎接戰鬥，在下屬面前樹立起一個精力充沛、開朗樂觀、勇往直前的形象。

這種精神狀態不僅為開創新局面所必需，而且對所有成員都有極大的影響。所以，管理者一定要使自己處於良好的「競技狀態」，杜絕任何猶豫和膽怯。要精神飽滿，鬥志旺盛，勇敢堅定，以義無反顧、所向披靡的衝擊力，信心百倍地前進。沒有這樣一種良好的精神狀態，什麼事情也做不好。

管理者在塑造自我形象時，要避免作法錯誤。一個出色的管理者必然會有其過人之處，但這種過人之處只可能集中在某些層面上。有人認為管理者為樹立權威就要時時處處顯得比下屬高明。其實，這毫無必要。

某廠長一次下車間巡視，指出一車工技術粗糙，該員工微有不服之態。此廠長二話不說，換上工作服，上車床操演起來，果然又快又好。一時圍觀者為之嘆服。如果事情到此為止，那麼不失為以行動樹立威信的範例。錯就錯在該廠長以下的言行。大概得意忘形，該廠長竟一拍胸脯言道：「技術不比你強，我敢做這個廠長嗎？這不是吹牛，無論車鉗鉚焊，只要有誰的技術比我好，我馬上拱手讓位。」結果，後來真有一好事工人要和此君比試焊接，該廠長自知失言，並未應戰。此事在當地企業界傳為笑談。

此君把威信理解為輕狂了。這種狂傲反倒是給人一種極端不自信的感覺，顯然，此君並沒有對自己作為一廠之長的工作性質和存在價值有一個清楚自信的認識，他把自己降為一個和員工比技術的角色。

以清高的方式來表現「威信」，不但不利於樹立權威，而且可能拉大管理者與下屬的距離，增加隔閡，其所要塑造的威信也會大打折扣。因而一個管理者勿以清高為威信，走入「威信」誤區。

不懂不是錯，不懂裝懂才是錯

《論語》中說：「知之為知之，不知為不知，是知也。」這句話意在強調做學問時，應當具備誠實的態度，知道的就是知道，對不知道的東西，我們不僅應當老實地承認「不知道」，而且要敢於說「不知道」。對企業管理者來說，也是一樣的道理。

無論你是一名位居高職的領導者還是一般的員工，遇到困難，解決不了不是你的錯，只要你有一顆積極學習的心態，你將很快成長起來。但如果你不懂裝懂，才會真正讓人瞧不起。華為公司在招聘員工時尤其注重其學習能力。

華為公司每當在招聘結束後，任正非在新員工進企業第一天的大會上，就會告訴大家，文憑只代表你的過去，進了企業後，文憑就失效了，大家都站在同一條起跑線上，關鍵是看你後面的學習能力、成長能力。

在這個科技高速發展的社會，尤其是現代企業管理，企業老闆越來越看重員工的學習能力、成長能力。甚至有知名企業老總在談及用人時這樣說：「學歷不重要，學習的能力才重要。」

無論你知識如何豐富，學識怎麼淵博，在工作中也不可避免地會出現某一方面的「短板」。我們常說第一次失敗是悲劇，第二次失敗就是笑話了。失敗不要緊，做錯事也不要緊，關鍵是你要能從失敗和錯誤中吸取教訓，取得進步，那就是一個聰明人。這就要求你要有很好的學習能力，才能夠獲得各種你需要的能力，取得進步。不懂不要緊，只要你肯於學習，善於學習，你就能由不懂到懂，不懂不是罪，不懂裝懂就有罪；不懂不表示你愚蠢，不懂還自以為是，不肯學習，那就是愚蠢。

可是在實際工作中，有些領導者遇到問題，因為顧忌自己的虛榮心與面子，就是喜歡不懂裝懂瞎指揮，結果不僅出現不良的後果，還鬧出笑話。這樣一來，在員工面前不僅沒有挽回威嚴，反而失去了威信。

不懂裝懂，是一種心虛的表現，是一種基於自卑心理的盲目自尊。作為一名管理者，要敢於承認自己的不懂，有時虛心地向同事與下屬學習，這不僅不會被員工看不起，反而會讓你的誠實贏得大家的信任，同時也表現了你虛懷若谷的胸懷。

要能把握「到位感」

管理者與下屬之間的關係是相當微妙的，一定要注意「到位」，才能行之有效。管理者說話要有分寸。由於所處的地位、職能，管理者說話的分量與影響力與一般人不同，同樣一句話從管理者口中說出就更具權威性與信任感。這就要求管理者不可隨意講話，滿嘴瞎掰不是管理者該做的事。

在上司與下屬談話時，上司應讓下屬充分地把意見、態度都表明，然後再說話。讓下屬先談，主動權在自己，可以從聽下屬的彙報中選擇弱點追問下去，讓對方瞭解問題，再談自己的看法，這樣對方易於接受。如果還沒掌握全部事實，還沒經過深度思考就講出自己的意見，你下的結論就是危險的，若受到下屬的駁問將會十分尷尬。

無論說什麼話都要把握分寸。不把話說得過滿，就是一種分寸感。比如新主管被調到一個長期虧損的單位，還未經過調查研究，就在職工大會上放言：「要在半年內解決群眾的福利和住房問題，並且轉虧為盈。」這就是把話說得太滿了。結果到最後，由於客觀條件的限制，儘管使出渾身解數，一年內仍無起色。承諾變成了空話，領導者的威信一落千丈。大氣魄不一定能解決大問題，給自己留有迴旋餘地，方能顯出領導者的說話水準。

說話要留餘地，但也不能打混仗，要適當表現出果斷和權威。上司應感到自己的話具有「拍板」、「定調」的味道。如果下屬與上司談了一小時的話，上司都沒有說出一句決策性的話，那這場交談將沒有結果。這樣的交談，就是失敗的。

維護自己的威信是必需的，因為一個沒有主見、被人左右的管理者無法得到下屬的尊敬與服從。但這並不意味著管理者可以剛愎自用獨斷專行。好的管理者在與下屬交談時，應擺出兼收並蓄、取長補短、互相切磋、求同存異的姿態。不要著急下結論。

管理者在與下屬溝通時，還應注意對下屬的尊重，談話時切忌盛氣凌人，批評時切忌冷嘲熱諷，有錯時切忌迴避粉飾，有功時切忌自我炫耀。

Chpater

8

影響力心理學 × 獲得他人支持

抓住對方心理，把話說到點子上

要想讓對方接受你的勸說，首先要瞭解對方的心理，再透過對方感覺不到的小小壓力漸漸地使他消除戒備心理，這是很奏效的。

與人交談時，話題的展開如果能迎合對方的心理，就能以更加牢固的方式來連接雙方心理上的「齒輪」，增進彼此的情感交流。我們往往都認為，只要說得有理對方就一定能接受，但是，要使對方真正理解並能徹底接受，就應該將溝通管道建立在這種理論對話下的心理對話上。

小吳大學畢業以後決心自謀職業。一次，他看到某公司徵聘一位具有特殊才能和經驗的專業人員。小吳沒有盲目地去應聘，而是花費很多精力，廣泛收集該公司經理的相關資訊，詳細瞭解這位經理的奮鬥史。那天見面之後，小吳這樣開口：「我很願意到貴公司工作，我覺得能在您手下做事，是最大的光榮。因為您是一位依靠奮鬥取得事業成功的人物。我知道您二十八年前創辦公司時，只有一張桌子、一位職員和一部電話機，經過您的艱苦奮鬥，才有了今天的事業。您這種精神令我欽佩，我正是抱持著這種精神才前來接受您的挑選的。」

所有事業有成的人，差不多都樂於回憶當年奮鬥的經歷，這位經理也不例外。小吳一下子就抓住了經理的心理，這番話引起了經理的共鳴。因此，經理乘興談論起他自己的成功經歷。小吳始終在旁洗耳恭聽，以點頭來表示欽佩。最後，經理向小吳很簡單地問了一些情況，終於拍板：「你就是我們所需要的人。」

要想把話說到點子上，就必須抓住對方的心理。如果不知對方心理所想所需，是無法說到點子上的。就像一個神槍手，如果蒙上他的眼睛，再讓他去找一個目標，那麼，他只能憑感覺去打，這是難以擊中目標的。所以，與人說話時，必須要洞察、迎合對方的心理，才能說到點子上。

利用人們的反叛心理來說話

如果能善於利用人們的反叛心理，不僅可以將頑固的反對者軟化，使其固執的態度發生一百八十度的大轉變；而且可以打破對手原有的意念，讓他按你的意思去辦。

心理學家昔拉圖諾夫在《趣味心理學》一書的前言中，特意提醒讀者請勿先閱讀第八章第五節的故事。大多數讀者卻都是首先便迫不及待地翻看第八章的內容，其實這也是作者的本意。當別人告訴你「不准看」時，你就偏偏要看，這就是一種「逆反心理」。這種欲望被禁止的程度愈強烈，它所產生的抗拒心理也就愈大。

某建築公司的李工程師，有一次說服了一個剛愎自用的人。一個工頭，他常常堅持反對一切改進的計畫。李工程師想換裝一個新式的指數表，但他想到那個工頭必定要反對，於是李工程師去找他，腋下挾著一個新式的指數表，手裡拿著一些要徵求他意見的文件。當大家討論著關於這些檔案中一些事情的時候，李工程師把那指數表從左腋下移動了好幾次，工頭終於先開口了：「你拿著什麼東西？」李工程師漠然地說：「哦！這個嗎？這不過是一個指數表。」工頭說：「讓我看一看。」李工程師說：「哦！你不要看了。」並假裝要走的樣子，還說：「這是給別的部門用的，你們部門用不到這東西。」但是，工頭又說，「我很想看一看。」

當他審視的時候，李工程師就非常詳盡地把這東西的效用講給他聽。他終於喊起來：「我們部門用不到這東西嗎？它正是我想要的東西呢！」李工程師故意這樣做，果然很巧妙地把工頭說動了。

逆反心理並不是只有那種頑固的人身上才有，其實每個人身上都長著一根「反骨」。某報曾連載過一篇以父子關係為主題的紀事文章《我家的教育法》，內容敘述某社會名人的孩子在學校挨了頓罵後便非常怨恨他的老師，甚至想「給他一點顏色瞧瞧」，他父親聽了也附和道：「既然如此，不妨就給他點顏色看，」但接著又說，「縱使你達到報復的目的，但你卻因此而觸犯了法律，還是得三思才是。」聽父親這樣一說，兒子便取消了報復的念頭。

如果有一個人站在高樓頂上欲跳樓自殺，而旁人也在拼命說些「不要跳」或「不要做傻事」之類的話，更是助長了他跳樓的意念；相反，若你說：「如果你真想跳的話，那就跳吧！」

他必定會感到很洩氣，沒料到旁人竟不予阻止反而鼓勵他跳下，這完全背離了他原先的期待，這種對於勸阻的期待，一旦為他人所背離，反會失去原有的意念。

據說明朝時，四川的楊升庵才學出眾，中過狀元。因嘲諷過皇帝，所以皇帝要把他充軍到很遠的地方去。朝中的那些奸臣更是趁機公報私仇，向皇帝說，把楊升庵充軍海外，或是玉門關外。

楊升庵想：充軍還是離家鄉近一些好。於是就對皇帝說：「皇上要把我充軍，我也沒話說。不過，我有一個要求。」

「什麼要求？」

「寧去國外三千里，不去雲南碧雞關。」

「為什麼？」

「皇上不知，碧雞關，蚊子有四兩，跳蚤有半斤！切莫把我充軍到碧雞關呀！」

皇帝不再說話，心想：「哼！你怕到碧雞關，我偏要叫你去碧雞關！」

楊升庵剛出皇宮，皇上馬上下旨：「楊升庵充軍雲南！」

楊升庵利用「逆反」的心理，粉碎了奸臣的打算，達到了自己要去雲南的目的。

可見，無論男性女性，長者幼小，他們內心多多少少都帶有一些逆反心理，只要我們善於抓住那一根「反骨」，輕輕一扭，就連皇帝也會按照你的意思去辦。這的確不失為一種省心省力又奏效的說服方法。

用商量的口吻向對方提建議，柔中取勝

任何人都是有自尊、講面子的，所以，在說服他人的過程中，多用與他商量的口氣給他建議，少下命令，這樣不但能避免傷害別人的自尊，而且會使他們覺得你平易近人，進而樂於接受你的建議，與你友好地合作。

張先生在工商界是赫赫有名的，他很懂得這個道理。據說他從不用命令式的口吻去說服別人，他要別人遵照他的意思去工作時，總是用商量的口氣去說。譬如有人會說：「我叫你這麼做，你就這麼做。」他從不這麼說，而是用商量的口氣說：「你看這樣做好不好呢？」假如他要祕書寫一封信，他把大意和要點講了之後，再問一下祕書：「你看這樣寫是不是妥當？」等祕書寫好請他過目，他看後覺得還有要修改的地方，又會說：「如果這樣寫，你看是不是更好一些？」他雖然處於發號施令的地位，可是卻懂得別人是不愛聽命令的，所以不用命令的口氣。

張先生的這種做法，使得每個人都願意和他相處，並樂於按他的意願做事。所以，當我們要說服某個人時，最好也多用建議的口吻。

肖恩是一所職業學校的老師，他有一個學生因故遲到了，肖恩以非常兇悍的口吻問道：「你怎麼能浪費大家的時間？不知道大家都在等你嗎？」

當學生回答時，他又吼道：「你回去吧，既然不想聽我的課，以後也不用來了。」

這位學生是錯了，不應該不先打個招呼，耽誤了其他同學上課。但從那天起，不只這位學生對肖恩的舉止感到不滿，全班的學生都與他過不去。

他原本完全可以用不同的方式處理這件事，假如他友善地問：「你有什麼事情要處理嗎？問題解決了嗎？」並說：「如果你這樣有事情不事先通知，大家的課程也都耽誤了。」這位學生一定很樂意接受，而且其他的同學也不會那麼生氣了。

所以，要說服他人最好別用命令的口吻，不然，不但達不到你想要的說服效果，還可能使事情越弄越糟。多使用建議的口吻，透過這種方法，人們便會很願意改正他們的錯誤，而且維持了對方的自尊，使他們認為自己很重要，並配合你的工作，而不是反抗你。

必要時刻，向對方適當提出挑戰

對有些事情，當我們靠批評懲罰，或者表揚的手段解決不了的時候，我們可以考慮這樣一種策略——給他人提出一種挑戰，然後讓他們自我面對。這也許比我們手拿鞭子緊隨其後的效果要好得多。因為他們更清楚自己眼下的處境，更明白自己應該怎麼去做。

史考伯曾說過：「要使工作能圓滿完成，就必須激起競爭，提出挑戰，激起超越他人的欲望。」史考伯是這麼說的，也是這麼做的。

有一次，查理斯．史考伯到底下一家工廠去，工廠經理來反映他的員工一直無法完成他們分內的工作。

他說：「我向那些人說盡好話，我又發誓又詛咒，我也曾威脅要開除他們，但一點用也沒有，還是無法達到預定的生產效率。」

當時日班已經結束，夜班正要開始。史考伯要了一根粉筆，然後，他問最靠近他的一名工人：「你們這班今天製造了幾部暖氣機？」

「六部。」史考伯不說一句話，在地板上用粉筆寫下一個大大的阿拉伯數字六，然後就走了。夜班工人進來時，他們看到了那個「六」字，就問這是什麼意思。

「大老闆今天到這兒來了，」那位日班工人說，「他問我們製造了幾部暖氣機，我們說六部。他就把它寫在地板上。」

第二天早上，史考伯又來到工廠。夜班工人已把「六」擦掉，寫上一個大大的「七」。日班工人早上來上班時，看到了那個很大的「七」字。原來夜班工人認為他們比日班工人強，是嗎？好吧，他們要向夜班工人還以顏色。他們努力的加緊工作，那晚他們下班時，留下一個頗具威脅性的「十」字。情況顯然逐漸好轉。不久，這家產量一直落後的工廠，終於比其他工廠生產得更多。

足見，史考伯將「向對方適當提出挑戰」的策略運用得如此恰到好處。其實，這招在政治領域同樣適用。如果沒有人向他提出挑戰，希歐多爾・羅斯福可能就不會成為美國總統。當時，這位義勇騎兵隊的一員剛從古巴回來，就被推舉出來競選紐約州州長。結果，反對黨發現他不是該州的合法居民，羅斯福嚇壞了，想退出。但這時，湯瑪斯・科力爾・普列特提出挑戰。他突然轉身面對羅斯福，大聲喊道：「聖璜山的這位英雄，難道只是一名懦夫？」羅斯福在這一激將之下繼續奮鬥下去，其餘的事情就已成歷史了。一個挑戰不只改變了他的一生，而且也影響了一個國家的命運。挑戰的巨大力量，這個道理史密斯也知道。

當史密斯擔任紐約州州長時，就遇到過這樣一個問題。辛辛是一個最負惡名的監獄，沒有獄長，許多黑幕及醜惡的謠言從獄中洶湧傳出。史密斯需要一位強而有力像鐵一般強硬的人去治理辛辛監獄，他召來了勞斯。

「去照顧辛辛如何？」當勞斯在他面前的時候，他愉快地說，「他們那裡需要一個有經驗的人。」勞斯窘了，他知道辛辛的危險，那是一個不討好的差事。受政治變化的影響，獄長一再更換，有一位任職只有三個星期，他在考慮他的終身事業。那值得他冒險嗎？史密斯看出了他的猶豫，往後一倚，微笑著說：「勞斯，我不怪你害怕，那不是一個太平的地方，但那裡確實需要一個大人物去治理。」

正是史密斯提出了這樣一個挑戰，勞斯喜歡嘗試需要一個大人物的工作意念，所以他去了，並成為在那兒任職最久的、最著名的獄長。他所著的《在辛辛的兩年裡》售出了幾十萬冊。他曾應邀在電臺講話，他在辛辛生活的故事被拍成了數十部電影。他給罪犯「人道化」的做法造成了許多監獄改革的奇事。

那是任何成功者都喜愛的一種競技，一種表現自己的機會，那是證明自身價值、爭強鬥勝的機會。正如卡內基所說的那樣：「光用薪水是留不住好員工的。還要靠工作本身的競爭……」每個成功的人都喜愛競爭和自我表現的機會，以證明他自己的價值。如果你要使有精神、有勇氣的人接受你的想法，就請記住這個說服的重要原則：提出挑戰。

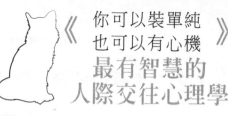

巧妙提問，讓對方只能答「是」

> 在說服他人贊同自己的過程中，巧妙提問也是實現目的的一種重要手段。

卡內基曾經舉了一個有趣的例子：假設有兩人在一間屋子裡。你站在或坐在房間的裡面，而他在房間的外面。你希望他從房間的外面走到房間的裡面。

不妨來做這個遊戲。在遊戲中，你問他問題。每次你問他一個問題，如果他答「是」，他就向房間裡面邁進一步。如果每次你問問題，而他回答「不是」，他就向外退一步。如果你想讓他從房間的外面走到房間的裡面，你最好的策略是不斷地問他一系列他只能回答「是」的問題。你必須避免提出可能導致他回答「不是」的問題。

透過使用「只能回答是」的問題，你就可以輕而易舉地做到這一點。一些封閉性問題，人們對它們的回答百分之九十九點九是肯定的。你讓某人越多的對你說：「是」，這個人就越可能習慣性地順從你的要求。

比如，回想一位你經常同意其意見的朋友，你往往已經習慣於作肯定的表示。因此當這個人想勸說你做某事時，即使他還沒有完全講完他的請求，你往往已經決定這麼去做。

你肯定也認識你通常不同意其意見的人。此人的特點是經常聽到你說「不」。當這個人開始要求你做某事時，你就會跟多數人一樣，在他還沒有講完他的請求之前，你就已經在琢磨用什麼理由來說「不」，以便拒絕他的請求。

這些相近的傾向說明，讓你想說服的人形成對你說「是」的習慣是多麼的重要。反過來也是如此。如果一個人已經習慣性地對你說「不」，不同意你的看法，你想成功地說服他的可能性幾乎為零。

提出「只能回答是」的問題有個好辦法，就是問你知道那個人會作肯定回答的事情。如果你願意的話，你可以在問話裡加上以下詞語，如：

「是這樣吧？」

「對吧？」

「你會同意吧？」

一位推銷員問一位可能的買主：「你想買這件設備的關鍵是其費用，是吧？」價格無疑是關鍵的。因此，這樣的問題肯定會帶來「是」的回答。或許就這樣開始了讓可能的買主對推銷員養成作肯定回答的習慣。

換句話說，這位推銷員可以問一位可能的顧客：「設備的價格對你來說很重要吧？」這也是一個封閉型「只能回答是」的問題。對這樣一個問題，幾乎人人都會回答「是」。

當一位雇員想提醒同伴開始進行一個專案時，這位雇員可能提出這樣「只能回答是」的問題，「我們需要儘快完成這個專案，是吧？」這裡，一個明確的聲明「我們需要儘快完成這個專案」跟著一個「只能回答是」的問題「是吧？」它要求得到一個「是」的回答。這種只能回答「是」的問題已被反覆證明是非常有用的。

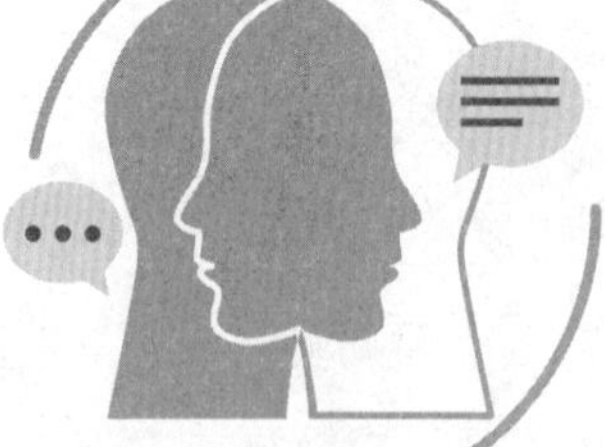

容忍對方的反感，讓他不再反感

為什麼人們會對懂得寬容的人產生好感呢？從心理學的角度來看，寬容就是透過信賴、信任、讚揚、鼓勵等方法，促使雙方之間的關係變得更為融洽。每個人的潛意識裡都希望得到他人的寬容。正因為他人的寬容滿足了自己此種需求，所以才會對對方產生好感，因而願意與對方合作。

如果你想要說服的對方在內心深處對你存在著反感時，會如何表現出來呢？首先，由於說服者與被說服者之間的關係不同，反感的表現形式也不同。

當上司對部下有反感時，即當社會地位高的人對社會地位低的人有反感時，大部分情況下不會將反感壓抑在心底，而是直接表現出來。例如，談到主題時，故意岔開話題；談話當中突然離席，讓對方久候；假裝正在思考問題，將視線轉移到別處；更有甚者，根本不聽你的談話，獨自一個人滑起手機來。當對方採取忽視你的人格態度時，可以認為說服工作很難進行了。此外，在不可用社會的優劣關係來衡量的家庭關係中，有時，孩子對於父母的勸告會強詞奪理，採取完全拒絕的態度，也是孩子對父母懷有反感的表現。

那麼，在想說服對方時，原本處於平等地位、沒有任何瓜葛的雙方，為什麼會出現反感與被反感的現象呢?首先可以說，當你辜負了對方對你的期望時，他會對你產生反感。例如，對方一直認為你是他最值得信賴的朋友，而且你也知道對方對你很信任，但是在某種情況下，你辜負了他對你的信任，他便會對你有反感。

以上所說的部下與上司的關係而言，當下級辜負了上級或上級辜負了下級的期望時，即當出現了「我受到了對方的藐視」這種情況時，對方心理上就會產生反感。時間久了，反感的情緒逐漸壓抑在心底，就會在深層心理形成反感意識。

人們往往想忘掉那些不愉快的感情，如反感等情緒。這樣，被壓抑的觀念就會自然地留存在心中，支配人的行動。但是，對方對說服者的這種無意識的反感，在說服者對他進行說服時，就會不自覺地表現出來。而且反感往往是「個人感情」起主要作用的。例如，「他很傲慢」這種反感如果在你的心中已形成了印象，就容易讓你認為「既然他如此對我，我說他傲慢，別人也不會指責我」，使你覺得自己很有道理。這樣的「感情邏輯」，如從說服者的立場給予冷靜的觀察，往往會發現它是毫無理論根據的。但是，又不能因為沒有理論根據，就指責他的反感是沒有道理的。但是，因為反感缺乏理論性根據，所以如果能進行很好的說服，那麼，對方不僅會消除對你的反感，而且對你會進一步產生好感，因而有利於說服的進行。

一九九一年十一月三日夜，美國新一屆總統大選揭曉。當選總統克林頓在競選總部樓前對他的支持者們的聚會上即席演說，先是言辭懇切地感謝昨天還在互相唇槍舌劍、猛烈攻擊的主要政敵現任總統布希，感謝布希從一名戰士到一位總統間為美國做出的出色服務，並呼籲布希和另一位對手佩羅及其支持者與他團結合作，在他未來四年重造美國，在全面振興美國的大變革中繼續忠誠地服務於祖國。

而遠在異地的布希則打電話祝賀克林頓成功地完了一場「強有力的競選」，還調侃地告誡克林頓：「白宮是個累人的地方。」並保證他本人和白宮各級人士將全力以赴地與克林頓的班底合作，順利完成交接工作。

競選的成功與失敗，對於他們來說歡樂與悲哀都是不言而喻的。但在事實面前，他們畢竟保持了高度的理智，表現了適度的寬容和超然的風度。

事實上，不能容忍的人是愚昧的，他們只曉得向來如此，現在也應該如此，所以他拼命反抗和破壞一切新的環境、新的事物、新的思想和新的人物。對於新的事物、新的環境，我們要努力研究，以求達到能夠瞭解的目的；若是好的、對的，我們便應該吸取、學習。這是最正當最科學的方法，也正是容忍的方法。

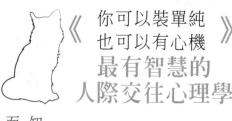

最有效的手段是以誠服人

如果想要說服對方認同你的觀點，要以誠服人。

以德服人，這是感情、知識和心智力量使然。情感的力量是情感的認知和共鳴，知識的力量能使人們信服觀點的論證，心智的力量則能使人們接受辯手本身，並進而在有意無意中相信和支持你的論證與反駁。

正如一位詩人所言：「動人心者，莫過於情。」抓住了對方的心，與對方交談也就成功了一半。

如果為人真誠，說話之前先有了真誠的心，那麼即使是「笨嘴拙舌」也是沒有什麼關係的。有太多的事例一再說明，在與人交流時表達真誠要比單純追求流暢和精彩更重要。

一九一五年，小洛克菲勒還是科羅拉多州一個不起眼的人物。當時，發生了美國工業史上最激烈的罷工，並且持續達兩年之久。憤怒的礦工要求科羅拉多燃料鋼鐵公司提高薪水，小洛克菲勒正負責管理這家公司。由於群情激憤，公司的財產遭受破壞，軍隊前來鎮壓，因而造成流血，不少罷工工人被射殺。那種情況，可說是民怨沸騰。小洛克菲勒後來卻贏得了罷工者的信服，他是怎麼做到的呢？原來小洛克菲勒花了好幾個星期結交朋友，並向罷工代表發表了一次充滿真情的演說。那次的演說可謂不朽，它不但平息了眾怒，還為他自己贏得了不少讚譽。

演說的內容是這樣的：「這是我一生當中最值得紀念的日子，因為這是我第一次有幸能和這家大公司的員工代表見面，還有公司行政人員和管理人員。我可以告訴你們，我很高興站在這裡，有生之年都不會忘記這次聚會。假如這次聚會提早兩個星期舉行，那麼對你們來說，我只是個陌生人，我也只認得少數幾張面孔。上個星期以來，我有機會拜訪整個附近南區礦場的營地，私下和大部分代表交談過，我拜訪過你們的家庭，與你們的家人見過面，因而現在我不算是陌生人，可以說是朋友了。基於這份互助的友誼，我很高興有這個機會和大家討論我們的共同利益。由於這個會議是由資方和勞工代表所組成，承蒙你們的好意，我得以坐在這裡。雖然我並非股東或勞工，但我深覺與你們關係密切。從某種意義上說，也代表了資方和勞工。」

這樣一番充滿真誠的話語，可能是化敵為友最佳的途徑。假如小洛克菲勒採用的是另一種方法，與礦工們爭得面紅耳赤，用不堪入耳的話罵他們，或用話暗示錯在他們，用各種理由證明礦工的不是，那結果只能是招惹更多怨恨和暴行。

真誠就像一顆種子，你細心維護它，有一天它就會結出讓你驚喜的果實。你真摯待他人，他人也會真摯待你，甚至你敬人一尺，人必回你一丈。但是，我們不能夠把付出真情當做某種本小利大的低風險投資，使別人覺得你的「真情」只是一種交易的籌碼，而算計的權利全在你的手中。

每一句話都是心裡話，而不是把裝出來的熱情做得不露痕跡，這樣才能夠賦說服或者論辯以真情，因而在打動自己的同時打動對方。我們所要強調的是，真情，重在自然流露，在乎本性天成，不能僅僅作為一種方法或者策略。

真誠待人，展現人格魅力，這也是爭辯的一種方法，它是某些人的特質。一個真誠的人，一個具有人格魅力的人，即使不能舌綻蓮花，也可以讓一個能言善辯的人啞口無言。

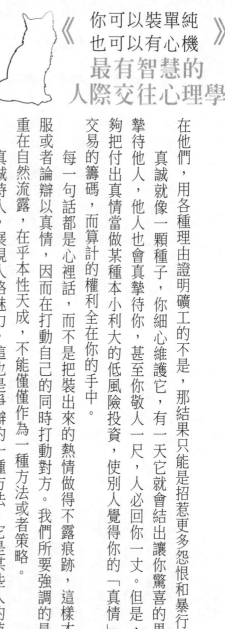

Chpater 9

撫慰心理學 × 重振受挫靈魂

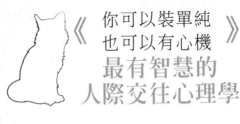

探病時要善於說謊

> 對於身患絕症的病人，只能把病情如實告訴其家屬，而對其本人，則應重病輕說。如果假話喚起了他對生活的熱愛，增強了他與病魔對抗的意志，就有可能使其生命延續得更長久，甚至戰勝死神。

善良的假話是為了減輕不幸者的精神壓力，幫助其重振生活的勇氣。即使此人以後明白了真相，也只會心存感激，不會有所埋怨。即使當時半信半疑，甚至明知是謊話，通情達理者仍會感到溫暖、安慰。明知會加重對方的精神痛苦，但仍要實言相告，即使不算壞話，也該算是蠢話。去探望病人時，如說話不當，不但不能起到安慰病人的作用，反而會使對方更加煩惱，帶來不好的影響。

有一位青年去探望久病的舅母時，關切地詢問她：「您有好好吃飯嗎？」誰知一句問候話，卻引來病人滿面愁容。她憂心忡忡地說：「唉！不要談它了！」弄得這位青年十分尷尬，只低聲地說幾句安慰話後，不歡而別。原來，他舅母病勢沉重，而最苦惱的就是吃不下飯。他問到的正是病人日夜憂慮的問題，頓時勾起病人的煩惱，以致談話氣氛極不愉快。可見，探視病人時還要注意談話內容和技巧。那麼，該如何做呢？

探望身患重病的不幸者，不必過多談論病情，談話不要觸到病人最難受的病處，以免病人心煩。如果對方本來就背著沉重的精神包袱，不能大吃一驚地問：「您的臉色怎麼這樣難看？」而要說：「這裡醫療條件好，您的病一定會很快好轉的。」

探望時較好的談話方式是：先簡要問問病情，然後多談一談社會上生動有趣的新聞，以轉移對方的注意力，減輕精神負擔。久居病室，這種新消息正是他渴望知道的。如能儘量多談點與對方有關的喜事、好消息，使他精神愉快、心情舒暢，則更有利於他早日康復。

儘量多談一些使病人感到愉快、寬慰的事情。安慰病人，目的是為了讓他精神放鬆，早日恢復健康，所以，絕不能把有可能增加其憂慮和不安的消息帶去，還要避免談論可能刺激對方或對方忌諱的話題。然而一般來說，病人總要對探病者講講自己的病情和感覺，這時應該認真聆聽，並從中發現一些對病人有利的因素，以便接過話題，對病人進行安慰。例如病人說過「胃口不錯」的話，探望者就可以借題「發揮」，多講些胃口好對戰勝疾病的重要意義，使病人認同這是個有利條件，因而增強戰勝疾病的信心。

人生病了，從哪個角度去講都沒有積極意義。但是，為了讓病人寬心，我們完全可以換個相反的角度，從人生的過程著眼，賦予生病一些價值與意義，使病人覺得自己儘管耗損了身體，耽誤了工作，卻一樣能夠收穫一些特殊的體驗或能力，因而在精神上有一種補償感。當然，在此之前最好先強調一下病人病情好轉，使其具備一個深入思考的心理基礎。

例如，某人去看望朋友，他一反慣例，既不問病情也不講治療方法，而這樣安慰道：「看來，你的危險期已經過去，這就好了。今後，你就多了一種免疫功能，比起我們，也就增加了一重屏障，這種病，也許就再也不會打擾你了！」探病者對生病意義的看法頗為獨到。他先指出病人的危險期已經過去，讓病人稍感安慰，然後再強調生病雖然不是好事，卻使病人具備了別人沒有的優勢：對此病產生了免疫能力，今後不會再得此病了。病人聽他這樣一說，心理自然得到了某種補償，心情也就好多了。對於身患嚴重疾病的病人，探望時，不僅應該尊重醫囑，尊重病人家屬的意願，做到守口如瓶，而且在病人面前還要做到若無其事，甚至與之談笑風生，顯得輕鬆愉快。病人對周圍親友的一舉一動一般是十分注意的。所以，要規勸病人的家屬善於控制自己的感情，尤其是在危重病人面前，絕不能流露出自己的悲傷情緒，一定要表現得鎮靜自若。還要注意：當病人有什麼治療上的要求時，應盡可能給予滿足；病人託辦的事，要盡力去完成。在向病人告別時，要轉達其他親友對病人的問候和祝願，並表示自己下一次一定會再來看望，使病人滿懷希望和信心。

朋友失意，安慰的話一定要得體

在朋友失意的時候，要想說些既能達到勸慰目的又中聽的話，其實並不容易，因為這個時候，對方的內心極其情緒化，很多話對他來說很容易引起反感。因此，在對他進行勸慰的時候，一定要站在他的角度來進行說勸，不能一味強調事情的糟糕，這樣只會加重他的煩惱。

我們大多數人都有過這樣的經驗，就是無意中說錯了一句話，巴不得能把它收回。我們怎樣才能在某個人處於困難時對他說適當的話呢？雖然沒有嚴格的準則，但有些辦法可使我們衡量情況和做出得體而真誠的反應，這裡是一些建議：

一、留意對方的感受，不要以自己為中心

當你去探訪一個遭遇不幸的人時，你要記得你到那裡去是為了支持他和幫助他。你要留意對方的感受，而不要只顧自己的感受。不要以朋友的不幸際遇為藉口，而把你自己的類似經歷拉扯出來。要是你只是說：「我是過來人，我明白你的心情。」

那當然沒有什麼關係。但是你不能說：「我母親死後，我有一個星期吃不下東西。」每個人的悲傷方式並不相同，所以你不能硬要一個不像你那樣公開表露情緒的人感到內疚。

二、儘量靜心傾聽，接受他的感受

喪失了親人的人需要哀悼，需要經過悲傷的各個階段和說出他們的感受和回憶。這樣的人談得越多，越能產生療效。要順著你朋友的意願行事，不要設法去逗他開心。只要靜心傾聽，接受他的感受，並表示瞭解他的心情。有些在悲痛中的人不願意多說話，你也得尊重他的這種態度。一個正在接受化學治療的人說，她最感激一個朋友的關懷。那個朋友每天給她打一次電話，每次談話都不超過一分鐘，只是讓她知道他惦記著她，但是並不堅持要她報告病情。

三、說話要切合實際，但是要盡可能表示樂觀

泰莉是麻州綜合醫院的護理臨床醫生，曾給幾百個愛滋病患者提供諮詢服務。據她說，許多人對得了絕症的人都不知道說什麼才好。他們說些「別擔心，過不了多久就會好的」之類的話，明知這些話並不真實，而病人自己也知道。

「你到醫院去探病時，說話要切合實際，但是要盡可能表示樂觀。」福林馬奧尼說，「例如『你覺得怎樣』和『有什麼我可以幫忙的嗎』，這些永遠都是得體的話。要讓病人知道你關心他，知道有需要時你願意幫忙。不要害怕和他接觸，拍拍他的

手或是摟他一下，可能比說話更有安慰作用。」

四、主動提供具體的援助

一個傷慟的人，可能對日常生活的細節感到不勝負荷。你可以自告奮勇，向他表示願意替他跑腿，幫他完成一項工作，或是替他送接學鋼琴的孩子。「我摔斷背骨時，覺得生活完全不在我掌握之中。」一位有個小女孩的離婚婦人瓊恩說，「後來我的鄰居們輪流替我開車，使我能夠放鬆下來。」

五、要有足夠的耐心

喪失親人的悲痛在深度上和時間上各不相同，有的往往持續幾年。

「我丈夫死後，」一位老婦人說，「兒女們老是說：『雖然妳和爸爸的感情一直很好，可是現在爸爸已經過去了，妳得繼續活下去才好。』我不願意別人那樣對待我，好像把我視作摔跤後擦傷了膝蓋而不願起身似的。我知道我得繼續活下去，而最後我的確活下去了。但是，我得依照我自己的方法去做。悲傷是不能夠匆匆而過的。」

在另一方面，要是一個朋友的悲傷似乎異常深切或者歷時長久，你要讓他知道你在關心他。你可以對他說：「我能理解你的日子一定不好過。但我覺得你不應該獨立應付這種困難，讓我幫你好嗎？」

站在同一起點上，現身說法

失意者的情緒往往很浮躁，不能平靜下來，如果在這種狀態下，有個人拿自己類似的經歷來說給對方聽，一定能給他很大啟發。

小陳不耐煩地坐在辦公桌前，望著堆在面前的一堆報表，一點也提不起工作的興致來。最近，公司裡連續調整了幾次人事，與他一起進公司的幾個同事都升職了，而小陳卻始終窩在原崗位上動不了。想起來心裡真是不舒服：「論業績論水準，我哪點比他們差？唯一不到家的功夫就是不如他們在老闆那裡拍的馬屁。唉，現在這個社會，奉承也是一種本事啊！」

快下班的時候，小陳被喬副總叫進了辦公室。中年的副總坐在寬大的辦公桌後面，一副和藹而又嚴肅的表情對小陳說：「你最近好像情緒不太穩定？」語氣中雖然充滿著溫和與關切，但小陳卻分明感到了一種難以抗拒的威嚴。他忐忑不安地坐在一把椅子上，喬副總不僅沒有批評他，反而輕輕地歎了一口氣，說：「小陳啊，你是聰明人。今天找你來，我只想跟你講一段我過去的經歷，希望你聽了之後能及時調整自己的心態。

十年前，我從大學讀完碩士後應徵進了這家公司。當時我在公司裡年紀最輕，而學歷卻是最高的，因此，當時的老板胡先生非常賞識我。為了報答胡總的知遇之恩，我工作格外賣力，很快就成了公司的業務幹部，每次有重要的談判，胡總經理都會把我帶去。於是在大家心目中，我是胡總跟前的紅人，而我自己也覺得前途一遍大好光明。我相信，只要自己加倍努力，兩年內升任為公司的中層管理人員應該是不成問題的。

兩年後，公司的人事部經理到了退休的年齡。大家紛紛猜測新的人事經理人選，都認為我是最佳人選。就在我自以為看到了曙光的時候，董事會的決定很快下來了，辦公室的另一位姓黃的業務員被任命為新的人事經理。聽到消息的一剎那，我真有些不敢相信：為什麼平時胡總口口聲聲表揚我，還常常鼓勵我好好幹，有機會一定提拔我，而現在明明有機會了，卻偏偏給了別人？

第二天，胡總找我談話了。他首先充分肯定了我的工作和能力，然後又說，小黃的工作也是很不錯的，相比較來說，你的文字功力和社交能力更強一些，如果調你去人事部，一下子找不到合適的頂替人選，我們部門就少了一位好手。而調小張去，影響就會比較小些。況且大家都知道我對你很賞識，容易給人產生偏袒親信的感覺。所以你要正確對待這次人事變動。雖然我的心裡還是有些不快，但胡總的話都已經說得這麼明白了，我也不能再說什麼了。

可是過不了多久，辦公室主任又另謀高就離開了公司。我想這下不可能不再提拔我了吧，可是公司卻在這時候戲劇性地出現一名新職員，隨即又閃電般地將她任命為辦公室主任。眼睜睜地看著又一次失去機會，我的心情低落到了極點。我想，看來胡總其實根本沒把我放在心上，我再賣力工作也是無濟於事的。從那時起，我在工作中產生了消極情緒，我要讓大家特別是胡總看到，沒有我的努力，公司的效益是會受到影響的。

結果可想而知，情況越變越糟。不久，我就得知公司打算調我到一個不起眼的經營部去擔任經理的消息。那個經營部其實只是一個小雜貨店，而且連年虧損，調我去那裡，顯然是在懲罰我。看來這次是真的惹惱胡總了，我開始焦急起來，想想自己這陣子的表現，也確實有些過分，我有些後悔，可是又不知道該怎麼辦。那種矛盾不堪的心態折磨得我一連失眠了好幾天。最後我想不如辭職不幹了，雖然我很捨不得這份工作。

就在我徬徨無助的時候，一天晚上，我的父親突然問我：『你們總經理不是一直都很器重你的嗎？幹麼不找他談談，把你自己的想法都跟他說說？』我說：『我已經惹惱了他，哪還有臉找他談？』我父親卻說：『真正賞識你的老闆就和父母一樣，只要你真心認錯，哪會不給你改過的機會？如果他真的不原諒你，那說明他其實並不在乎你，再辭職也不遲。』」

「最後我聽從了父親的勸告，主動找到了胡總。果然就跟父親預料的一樣，胡總不僅原諒了我的任性，還真誠地對我說，小喬啊，你跟了我這麼久，居然不知道我的想法？有些事情我是很難跟你說明白的。提拔下屬是件很複雜的事，要綜合考慮很多因素。有時給人的感覺的確是不公平的。年輕人嘛，碰到這種事有想法也是正常的，關鍵是要學會調整心態，正確對待。其實最近我們已經考慮要提拔你為業務部的經理了，可是偏偏你沒能挺住考驗，給不少董事留下了不夠成熟的印象，所以才考慮讓你到閘口經營部去鍛鍊。既然你今天把心裡話都跟我袒露了，那我看你還是留在我身邊吧。」

說到這裡，喬總打住了話題，這以後的事情，小陳也知道了。喬總今天找他談話的用心良苦，更是令小陳感動不已，因為在這之前，自己也幾乎要衝動地遞出辭呈了。小陳站起身來，真誠地向喬總鞠了一躬，說：「謝謝您，喬總，請您放心，我知道今後該怎麼做了。」

喬總的現身說法達到了勸說小陳的目的。作為長輩去勸慰晚輩的時候，把自己作為一個活生生的例子來進行開導，會讓對方覺得你是跟他在同一起點、同一戰線上的，這樣他就比較易於接受你的勸說和激勵。

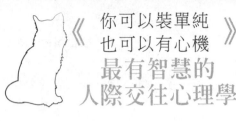

意識喚醒法使其走出悲傷陰影

一般情況下，人到了某個年齡階段就會出現某種心理特徵，但有的人卻遲遲不出現。這時只要提醒他一下，他就會醒悟，發生心理上的成長。正確的自我意識一旦被喚醒，人就會從失意中振奮起來。

人在遇到各種變故的時候，總會不由自主地心煩意亂，甚至悲觀鬱悶，有些人往往會因為自己的身心狀況不佳而更加失落。這時，作為一個鼓勵的人，你如果想給他們帶來好心情的話，就應該抓住某些好的方面，適時予以積極的暗示，這樣才有助於喚起他們的自我意識，使其鼓起希望的念頭，積極地生活。

上大四的小孫戀愛三年了，不久前女朋友不知何故跟他分手了。他很傷心，整天精神恍惚。他的班主任李老師知道此事後，特地趕來安慰他。李老師一見面就說：

「我知道你失戀了，是來向你道賀的！」小孫很生氣，轉身就走。

「難道你不問問為什麼嗎？」小孫停下來，等著聽李老師的下文。

李老師說：「大學生都希望自己快點成熟起來，失敗能使人的心理、思想進一步成熟起來，這不值得道賀嗎？大學生的戀愛大多屬於非婚姻型，一是大學生在學習期間不大可能結婚，二是很難預料大家將來能否在一個地方工作。這種戀愛的時間又不長，隨著知識的累積，人慢慢成熟了，就有可能重新考慮對方，戀愛變局也就悄悄發生了。應該說，這是大學生心理成熟的一種重要標誌，你這麼放任自己的感情，是心理成熟還是不成熟的表現呢？

另外，越到高年級，大學生越傾向於用理智處理愛情。這時，感情是否相投，性格是否和諧，理想和追求是否一致，學習和工作是否互助互補，都會成為擇偶的標準，甚至雙方家庭有時也會成為重點考慮的條件，這就是擇偶標準的多元化。

這種標準多元化更是大學生心理逐漸成熟的表現，也符合普遍規律。你女朋友和你分手是不是出於擇偶條件的全面考慮？你全面考慮過你的女朋友嗎？如何處理你這目前的感情失落，你該心中有數了吧？」

李老師先設置懸念——「祝賀你失戀」，把小孫從感情的泥沼中「喚」了出來，然後透過合情合理的分析，喚醒他的理智，多次用「大學生失戀不是壞事，而是心理成熟的標誌」的觀點來加以開導。李老師就是透過一步步喚醒小孫的自我意識，使他認為該用理智來處理感情問題，因而約束自己的感情，恢復心理平衡。

失意者心中往往憋著一股怨氣，想要擺脫這種心理狀態。鼓勵他們的自我意識，也就是喚醒他們的自我意識，會使他們走出低谷，走向成功。

用「同病相憐」的經歷來緩解對方壓力

相似「經歷」是真的，也可以是假的，但這是一個拉近雙方距離的絕妙辦法，這樣會讓對方覺得你跟他「同病相憐」，於是把你當成一個最貼心的朋友來坦誠面對和傾訴。一旦他敢面對事實了，再加上你的鼓勵，一定能重整旗鼓。

有一位中學教師，頭腦靈活，在對學生的輔導工作中很講究策略，非常善於說服學生，開導他們。他的班上有一個男同學，人很聰明，升學的考試成績是全班第三名。可是僅過了半年，期末考試卻落到班級第二十七名。這位老師左思右想，也找不出這位同學退步的原因。後來，他從側面瞭解到，這孩子有尿床的毛病。被褥尿濕了，家長總是很生氣，這「丟臉」的事使他自慚形穢。因為精神上有負擔，便影響了學習成績。

面對這樣一個棘手的問題，想要說服同學，解除他的精神負擔，怎麼辦呢？這位老師思考了兩天，看了一些心理學方面的書籍，最後決定，在一天放學後，辦公室的人都走光時，找了這位同學談心。

扯了一些班裡的雜事以後，老師問這位同學：「聽說你會尿床，是不是？」學生一聽，臉「刷」地一下紅了，頭也垂得低低的。老師把他朝身邊拉了拉，握住他的手說：「其實，尿床沒什麼大不了，我研究過，十幾歲的少年兒童中，有相當多的人都尿床，只不過是許多家長不聲張罷了。」

學生一聲不吭。老師繼續說：「老師我也尿過床。」

「真的？」他驚訝地問老師。

「真的，而且一連延續到國中快畢業。有時一夜尿兩、三次，睡夢中我急死了，到處找廁所，找到一個牆角拉開褲子就尿，結果就尿了一床。」

「哎呀，我也是這樣。」他彷彿找到了知音，羞怯之情一掃而光。

接著，師生倆你一句我一句地扯開了「尿經」，講到好笑的地方，一起放聲大笑。這時，他們已沒師生之別，好像兩個「尿友」在交流經驗。

「後來你是怎麼不尿床的？」學生突然問老師。

「我啊，到了十五歲就自然地不尿床了。」老師裝著回憶的神情說，「那時我國中還沒畢業，不知不覺地就好了。」

同學掰著手指算著：「我今年十三歲，再過兩年，我也會好了？」

「那當然！」老師肯定地說，「尿床不是病，到了發育的年齡，就會自然地好了，你用不著煩惱。」

當他們走出辦公室的時候，學生已經輕鬆多了。後來，由於家庭、老師的默契配合，那位學生終於放下了心理壓力，擺脫了困境，學習大有進步。

也許老師的「尿床」經歷是編造出來事實，然而卻一下拉近了兩人的距離，這樣使勸慰和鼓勵變得容易多了。

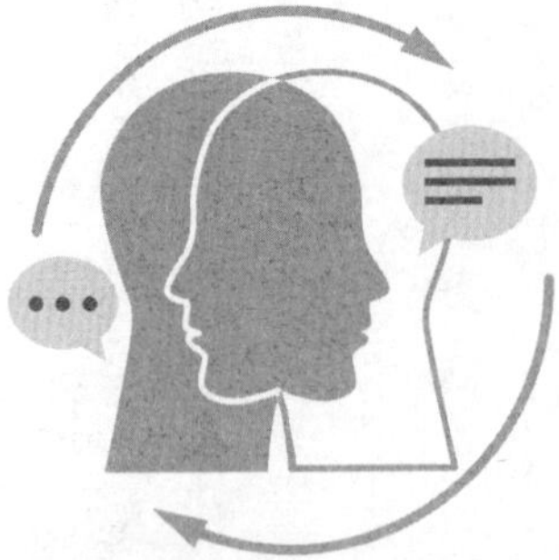

他人鬱悶的時候多說理解的話

最近幾年流行一個詞：鬱悶。所謂鬱悶，也就是碰到了不順心的事情，心情不好。在這個競爭激烈的社會，人們經常會碰到讓人鬱悶的事情，也經常會碰到正處在鬱悶中的人。現在就出現了一個問題：對鬱悶的人怎樣安慰？說什麼話比較好？正確的方式是：多說理解的話。

要想對鬱悶的人說些理解的話，首先要弄清他為什麼鬱悶。如果不知道原因，隨便地安慰一氣，就有可能變成火上澆油。有這樣一則笑話：

有一位媽媽帶著她的小寶貝出去，在公車上哄著她的寶寶。有一位乘客很好奇地把頭湊過來看了一下就說：「哇！好醜的寶寶！」媽媽聽了好難過，就一直哭，一直哭。後來車子停到某一站，上來了一些新的乘客。有一位好心的乘客看她哭得那麼傷心，就安慰她說：「這位媽媽妳為什麼哭得這麼傷心呢？凡事都要看開點，沒有解決不了的事情嘛！好了，好了，不要再哭了。我去幫妳倒杯開水，心情放輕鬆點嘛！」過了一會兒，那位乘客真的倒了一杯水給她說：「好了，別再哭了，把這杯水喝了就會舒服一點。還有，這根香蕉是給妳的猴子吃的。」這位媽媽聽了，差點沒暈過去。

笑話裡面的那位好心的乘客還沒有弄清楚這位媽媽為什麼在哭，就隨便安慰一通，當然會牛頭不對馬嘴了。所以說，首先應該知道別人鬱悶的原因，然後對症下藥，才能說出真正理解人的話，達到安慰的目的。

小羅是一名大學生，他很喜歡一位女同學。大家都知道這位女同學跟一個家裡很有錢的男生關係非常曖昧，就經常勸小羅一定要小心。但俗話說「當局者迷，旁觀者清」，小羅一直說那女同學告訴他了，她跟那個男生只是一般的朋友關係。

這種狀況維持了半年，突然有一天晚上，小羅垂頭喪氣地回到宿舍，什麼話也不說就躺到床上。晚上熄燈很久了他還在那兒輾轉反側。第二天大家問他怎麼回事，小羅傷心地說那個女孩昨晚約他出去，說從來沒喜歡過他，自己現在是別人的女朋友了。

大家聽了，七嘴八舌地教訓小羅，說他早就應該聽大家的勸，弄到今天的地步是活該，只有小王默默地聽著。午飯的時候他把小羅約到一個飯館，一邊吃一邊聊。小王告訴小羅，他自己也碰到過類似的事情，所以非常理解他。當時自己也很難走出那種心靈的痛苦，幸好一位學心理學的同學告訴他應該多出去走走，多跟人交往，

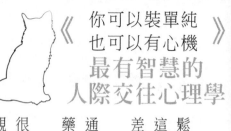

不要把自己封閉起來，他照著做了之後，才在較短的時間裡恢復了過來。他勸小羅重新拾起信心，面對生活，好女孩多的是，沒有必要找一個不愛自己的人。

小羅聽了他的話，精神稍微振奮了一些。此後他積極參加團體活動，加上大家的熱心幫助，他很快就恢復了樂觀積極的生活狀態。

因為小王有過類似的經歷，所以能感同身受，給小羅講了許多「同病相憐」的安慰話，小羅才從失戀的陰霾中走出來。所以，站在對方的角度多說一些理解的話，可以讓對方感覺到心靈上的共鳴，因而把安慰話聽進去、消化掉，「鬱悶」也就自然消除了。

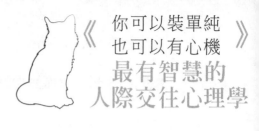

求全責備是激勵的大忌

> 俗話說「水至清則無魚，人至察則無徒」。從道德上來講，為人必須清、正、廉、潔。但過分的要求，就變得刻板，不能對人持寬容厚道之心。對人不能持寬容厚道之心，也就不能容人，不能容人也就不能用人，不能得人之心。這是企業的管理者培養忠誠下屬不可忽視的重要細節。

人無完人，金無足赤。古今中外，大凡有見識、有能力，成就一番事業的人，往往有著與眾不同的個性和特點。他們不僅優點突出，而且缺點也明顯。管理者如果在處人、用人方面過於求全責備，就會顯得不通情理。一個令下屬樂意追隨的領導者往往都有容人之量，俗話說：「宰相肚裡能撐船。」如果秋毫畢見，就讓人覺得難以相處，願意跟隨、共事的人會越來越少，最終難成大事。

一位領導者若只能見人短處，而不能用人之所長，刻意挑其短而非著眼於展其長，這樣的領導者本身就是一位弱者。唐代大文學家韓愈也說過：「古代的資能之人，要求自己嚴格而全面，對待別人則寬容而簡約。對己嚴格而全面，所以才不怠懈懶散；對別人寬容而簡約，所以別人樂於為善，樂於進取……現在的人卻不這樣，他對待別人總是說：『某人雖有某方面的能力，但為人不足稱道；某人雖長於做什麼事，但也沒有什麼價值』。抓住人家的一個缺點，就不管他有幾個優點；追究他的過去，不考慮他的現在。提心吊膽，生怕別人得到了好名聲，這豈不是對人太苛刻了嗎？」

對待別人苛刻，最終會落個孤家寡人，眾叛親離。不僅不能用好手上的人才，也沒有人願意與之共事、為其效力。春秋五霸之一的齊桓公就說：「金屬過於剛硬，就容易脆折，皮革過於剛硬則容易斷裂。為人主的過於剛硬則會導致國家滅亡，為人臣過於剛強則會沒有朋友，過於強硬就不容易和諧，不和諧就不能用人，人亦不為其所用。」

看清談話對象的身分，然後再開口

> 我們應該懂得在交際中遇到不同的人說不同的話，以便滿足對方的心理需求，因而贏得對方的好感。這是因為只有贏得對方的好感，才有可能獲得所想獲得的東西。這也是成大事的一大技巧。

與人說話，先要明白對方的個性，對方喜歡婉轉，應該說流利的話；對方喜歡率直，應該說激切的話；對方崇尚學問，就說高深的話；對方喜談瑣事，就說淺近的話。說話方式能與對方個性相符，自然能一拍即合。

一、與地位高於自己的人談話要保持個性

懂得到什麼山頭唱什麼歌的人在與地位高於自己的人談話時，會保持自己的個性，維持自己的獨立思考，不會去做一個「應聲蟲」。

同時，與地位高者談話還應注意以下幾點：

✓態度表現出尊敬。

✓對方講話時全神貫注地聽。

✓不隨意插話，除非對方希望自己講話。
✓回答問題簡練適當，儘量不講題外話。
✓說話自然，不緊張。

二、與老年人談話要保持謙虛

長輩教育後輩時常說：「我走過的橋比你走過的路還多。」這是很有道理的。老年人雖然接受的知識較後輩少，可是無論怎樣，其經驗要豐富得多。因此外圓內方的人在與長者談話時，會保持謙虛的態度。

人們不喜歡別人說自己年歲高，他們喜歡顯得比自己的真實年齡更年輕，或努力獲得如一個年輕人一般的活力和健康的神氣，這並非說他們企圖隱瞞自己的年齡。事實上他們或許是因為他們自己能生活得很健康而感到驕傲。

所以看清談話對象的身分，與老年人談話時，不會直接提起他們的年紀，而只提起他們所做的事情，這樣就能溫暖老年人的心，而使他們覺得自己是一個非常令人喜歡的人。老年人較之常人更易情緒激動，在他們的一生中，他們曾成就過許多值得驕傲的事情，而他們就喜歡談論這些作為。他們常喜歡人家來求教於他和聽他的勸告，喜歡人們尊敬他。其實，與老年人談話，是很容易的，因為他們很喜歡談話。他們說話常滔滔不絕，如果打斷他，就會顯出粗魯無禮的樣子。因此有時與他們談話很費時間，可是只要用心聽，他們的話是很有幫助的。

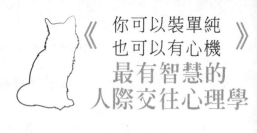

順著對方的話開始，讓對方放鬆下來

跟人交談的時候，不要以討論不同意見作為開始，而要以強調而且不斷強調雙方所共識的事情作為開始。即使對方已經拒絕了你，也應該儘量順著這個思路說。要盡可能在開始的時候說「是的，是的」，盡可能避免他說「不」。

一位日本政客正在演講時，遭到當地一個婦女組織代表的指責：

「你作為一個政客，應該考慮到國家的形象，可是聽說你竟和兩個女人發生了關係，這到底是怎麼回事呢？」

頓時，所有在場的群眾都屏聲斂氣，等著聽這位政客的桃色新聞。

政客並沒有感到窘迫難堪，而是十分輕鬆地說道：「不止兩個女人，現在我還和五個女人發生關係。」

這種直言不諱的回答，使代表和群眾如在霧裡雲中，迷惑不解。

然後，政客繼續說：「這五位女士，在年輕時曾照顧我，現在她們都已老態龍鍾，我當然在經濟上照顧她們，精神上安慰她們。」

結果，那位代表無言以對，而觀眾席中則掌聲如雷。

這位政客開始不僅沒有反駁那位代表，甚至承認自己的「壞事」。但隨後一番言語，都實際上是反駁了那位代表。這種從順著對方的話開始，最終卻成為一個否定意思的說話方法，既給了對方面子，又達到了自身目的，十分巧妙。

一開始就對對方的意見持絕對否定觀點，意味著開始就要陷入爭論之中。善於說話的人懂得先順著對方的話說，一開始就抵消一些敵意，讓對方放鬆下來，對你接下來的意見也會更寬容一些。

古人云：「人之惡在於好為人師」，從中可見一般人都有這樣的心理，除了愛聽奉承之外，也願意做別人的老師。

在與人交往時，你也不妨做一個忠誠的聽眾，把別人都當成自己的老師，少說多聽，做一個學生，給對方充分表現自己的機會，最後達到自己的目的。這就是「甘為人徒」法的根本所在。

小李和小陸是同一所知名大學的畢業生，他們的成績都很優秀。兩人分配到同一家公司。一年以後，小陸提升為部門主管，小李則調到公司下屬的一家機構，地位明升暗降，因為沒有任何實權。為什麼？

他們分配到該公司後，主管各交給他們一件工作，並交代他們可以全權處理。

小李接到工作任務後，做了精心的準備，方案也設計得十分到位。他一心投入工作，全然不記得要向主管請示一下。主管是開明的，既然說過他全權處理，自然也不干涉，但也沒有和下面人交代什麼。等到小李把自己的計畫付之於實踐，各部門人員見他是新來的，免不了有些怠慢，小李心直口快，與某人頂撞了起來，這下可惹了麻煩，因為這人正是公司總經理的親信。後果可想而知，他的工作處處受阻，最後計畫中途流產。

小陸接到任務後，經過周密分析調查，提出了若干方案給主管看，又向主管逐條分析利弊，最後向主管請教用哪個方案。這時，主管對他的分析已經很信服，當然採取了他所推薦的那個方案。這時他又問主管如何具體實施。主管說：「你自己放手做吧，年輕人比我們有幹勁。」小陸連忙說，自己剛來，一切都不熟悉，還得多聽主管的意見。因為小陸的態度謙恭，意見又到位，主管很滿意，當即給幾個部門的主管打電話，讓他們大力協助小陸的工作。因為有了主管的交代，小陸在實施自己的方案時又時時注意與各部門人員協調，他的工作完成得又快又好。

多請教，滿足他人的為師欲，那麼你會受益匪淺。當然以人為師少說為佳，但並不是不說話。若能把這條計策運用好，你還得說話。投其所好，不懂就問；懂得，有時也要暫時裝作不懂去問。你說話的目的在於提問的方式，使對方口若懸河，使對方心理有一種滿足感和被尊重感，這時你再提出要求，就容易實現了。

Chpater

10

辦公室心理學×超級吸引力

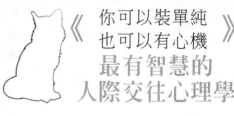

在背後誇獎你的同事

在背後說一個人的好話比當面恭維說好話效果要好得多，你不用擔心，你在背後說他的好話，很容易就會傳到他的耳朵裡。

對一個人說別人的好話時，當面說和背後說是不同的，效果也不會一樣。你當面說，人家會以為你不過是奉承他，討好他。當你的好話在背後說時，別人認為你是出於真誠的，是真心說他的好話，才會領你的情，並感激你。假如你當著上司和同事的面說你上司的好話，你的同事們會說你是討好上司，拍上司的馬屁，而容易招致周圍同事的輕蔑。另外，這種正面的歌功頌德，所產生的效果反而很小，甚至有反面效果的危險。你的上司臉上可能也掛不住，會說你不真誠。與其如此，倒不如在公司其他部門、上司不在場時，大力地「吹捧一番」。這些好話終有一天會傳到上司的耳中的。

在背後說別人的好話，能極大地表現你的「胸懷」和「誠實」。有事半功倍的效用。比如，你誇上司說他公平，對你的幫助很大，而且從來不搶功。以後，你的上司在「搶功」時，可能會有那麼一點點顧忌，也會手下留情。如果別人瞭解了你對任何人都一樣真誠時，對你的信賴就會日益增加。

在背後說別人的好話，會被人認為是發自內心、不帶私人動機的。其好處除了能給更多的人以榜樣和激勵作用外，還能使被說者在聽到別人「傳播」過來的好話後，更感到這種讚揚的真實和誠意，因而在榮譽感得到滿足的同時，增強了上進心和對說好話者的信任感。

所以，在背後誇讚一個人比當面恭維效果要好得多。當然，前提是一定要想辦法讓對方知道。否則，這一切都沒有意義。所以，選擇聽者很重要。首先，這個人喜歡「傳話」。這樣才能保證你的好話沒有白講，心血沒有白費。

另外，也要講究一下方式。在重點誇讚那個人時，更要順便把眼下這個傳話者誇獎一番；或在重點誇讚這個傳話者時，「順便」誇一下你真正要誇的那個人。

比如，你誇了「傳話者」熱情、愛幫助人，而且感歎這樣的人現在越來越少了。然後「指點」他，不妨和「主要被誇者」多接觸接觸，他這個人也很熱心，值得交。

同時要注意的是「傳話者」不能對「被誇者」有心結或不滿。否則，他（她）不但不會把你的話傳過去（他也沒條件傳到「被誇者」那裡），反而會把你當做他「敵人」的同黨。

有一點則是微妙的，儘量不要讓傳播者和被誇者是同性，尤其不要都是女人。有時，哪怕你說的是事實，也會讓「傳話」的人心裡不舒服。即使你先誇讚她許多，只提及另外那個人一點點，她很可能將有關她的話「照單收下」，而將對她的同性稱讚半路「扣留」。

喜歡聽好話似乎是人的一種天性。當來自社會、他人的讚美使其自尊心、榮譽感得到滿足時，人們便會情不自禁地感到愉悅和鼓舞，並對說話者產生親切感，這時彼此之間的心理距離就會因讚美而縮短、靠近，自然就為交際的成功創造了必要的條件。

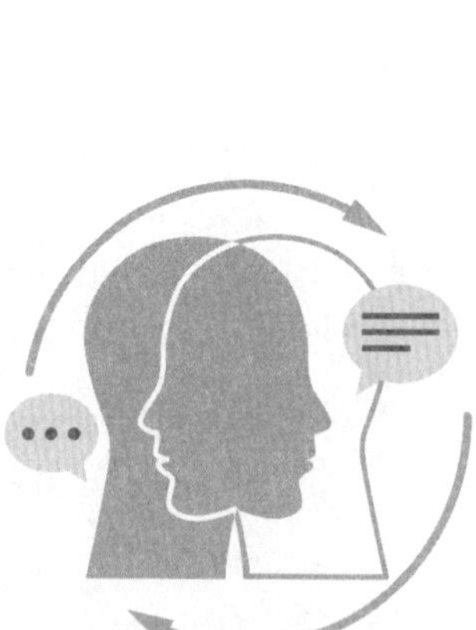

別做辦公室裡的「孤獨者」

無論自己處於什麼職位，首先需要與同事多溝通，因為你個人的視野和經驗畢竟有限，要避免給人留下「獨斷專行」的印象。況且，隨著社會分工的越來越細，這種溝通協調也是必須的，千萬不能做公司裡的孤獨者。

公司是一台大機器，員工就好比每個零件，只有各個零件凝聚成一股力量，這台機器才可能正常啟動。

梁昱進入一家公司工作，由於他在學校時就是班上的優等生，所以在進入公司後，常常恃才傲物，個性強硬，從不認輸服軟。當時和他一起進入公司工作的還有安東。安東和梁昱一樣也非常優秀，然而到了公司上班之後，他看到身邊的人都很踏實地工作，而上司又是個好嫉妒的人，於是他就收斂鋒芒，勤奮工作，連喜歡抽菸的毛病也因辦公室無人抽菸而戒掉了。他還主動熱情地和同事打交道，於是很快就贏得了同事和上司的喜歡。

在年終評選優秀員工的獎勵大會上，由於安東的優秀工作業績和同事的支援，他受到了表揚，而梁昱也非常努力地工作，甚至工作成績比安東還好，可是由於同事背地裡常說他的壞話，上司不喜歡他，等等，在評選大會上他一票也沒得到，有好成績也沒受到表彰。梁昱認為自己不受重視，感覺英雄無用武之地，因此辭職而去。離開這家公司後，他走了幾個地方，也沒有找到滿意的工作，他為此深感懊惱。

其實生活中不難發現，有的員工因為不能很好地與同事相處而無法在公司立足。所以作為一名在職人員，尤其要加強個體和整體的協調統一。因為員工作為個體，一方面有自己的個性，另一方面，就是如何很好地融入集體，而這種協調和統一很大程度上建立於人的協調和統一。

就算一間辦公室裡只有你和部門經理兩個人，而你就坐在經理的身邊。這個辦公室對你來說，也不只是那小小的一間，而是除了這「一畝三分地」以外的很多地方。一個年輕人，整天在主管身邊固然可以更好地鍛鍊自己、表現自己，但是如果不和其他的員工接觸，工作一定很難做好。所以，你要經常到其他辦公室走走，和同事們聊聊天，這是與人交往的需要，你要避免總被同事們說成是「主管身邊的人」。

和同事做朋友，其實大家都在一條船上，把自己融進去，而不是跳出來，這是新世紀「團隊協作」的要義。它對封閉自我的人們提出了新的挑戰——增強人際交

往的能力，跳出自我的小圈子，融入到團體中去，這是不容迴避的現實。讓自己成為團隊中的一員，大家共同奮鬥，才能談得上勝利。同事友情如此有價值，如果你還在做流浪的孤兒，是不是太愚蠢了？

當然，你究竟是不是孤獨者，同事不會直接跟你講，但是你卻能從他們的行動中感受到。如果有下述的情況發生，你就要多加注意了。

一、你的同事們約好一起去郊遊，卻沒你的份

這表明他們不喜歡你，你可能與上司太親密，以致脫離了群眾，大家怕你出賣他們。抑或你的工作十分出色，常被上司表揚，引起了同事的嫉妒。這就提醒你，要儘快與同事拉近關係。

二、同事常在一起竊竊私語，你一走近時他們就不說了

這表明他們一定在議論你的隱私。你與上司的關係是否很曖昧？是否有上司的隱私被曝光？你的私生活和化妝、著裝上有什麼不檢點之處？檢查你的私生活會發現他們議論的焦點。當然你也可以單獨請其中一位和你關係較密切的人喝茶，以瞭解癥結所在。

三、你常受到上司的表揚，但你的同事卻在背後詆毀你

這表明你在辦公室是個很能幹的個人英雄主義者，缺少與同事的配合和溝通。辦公室是一個團體，單槍匹馬地去搶功，必然會遭到背後的冷箭。這樣下去，你很快就會陷於孤立無援的地步。

四、同事帶著兒女到辦公室，但沒有給你介紹

這表明他覺得你太古怪，不想讓兒女跟你接觸，也許你以前沒有關心過其他同事的家人。你應主動去與同事的兒女說話，藉此來溝通與同事的關係。

為避免成為公司裡的孤獨者，以下幾點供你參考：

一、杜絕算計別人的念頭

任何人都對別人的背後算計非常痛恨，算計別人也是職場中最危險的行為之一。這種行為所帶來的後果，輕則被同事所唾棄，重則失去飯碗，甚至身敗名裂。如果你經常抱著把事業上的競爭對手當成「仇人」、「冤家」的想法，想盡一切辦法去搞垮對方時，你就有必要檢討了。就是老闆，也絕對不希望自己的手下互相排擠，他們希望每個人都發揮自己的長處，為公司帶來更多的利益，而互相排斥只會使自己的企業受損失。周圍的同事也同樣討厭那些喜歡搬弄是非的人，每個人都希望與志趣相投的人共事。不懂得與人平等競爭、相互尊重，就會失去大家的信任。

二、主動與同事交流溝通

人在職場，難免會遇到同事的誤解。有的是他人造成的，有的則是自己不經意間造成的，對此絕不能採取消極的態度，更不要以對抗的方式去面對，而是要透過溝通來解決。透過溝通，不僅有助於消除同事對你的誤會，更會加深同事對你的認識。當然，與同事在人際關係上的溝通，並不意味著只有當同事出現誤解時才去進行，必須貫穿於工作的始終。職場中的每一個人都必須突破溝通障礙，致力於建立正常的人際溝通，人際溝通解決好了，成功的機會也就會自然而然地多起來。

三、不要拒絕同事進入你的生活

只把同事當成工作夥伴是不對的。在你生活圈的朋友裡面有自己的同事嗎？如果沒有，就要檢討一下自己對同事的交往態度了。其實和同事進行生活中的交往有很多好處，比如一起出去郊遊、一起搭車上下班、一起逛街買衣服、一起租房等。這樣可以加深彼此的瞭解，促進工作的合作愉快，在經濟上也可以互利互惠，在生活上可以互相照顧，工作上取得的成績可以共同分享，有了難處也能夠互相幫助。

四、尋找共同興趣

俗話說「趣味相投」，只有共同的愛好、興趣才能讓人走到一起。小紅所在的公司大部分同事都是男性，中午吃飯時的短暫休息時間，同事們往往會聚集在一起談天說地，可惜小紅總感覺到插不上嘴，起初的一段日子只能在旁邊遠聽。男同事們喜歡談論的話題無非集中在體育、股票上面，但他們即使不懂時裝的流行趨勢，也不妨礙他們與女同事的交流。不過要想和這些男同事搞好同事關係，首先得強迫自己去接受他們的一些感情和愛好。於是小紅開始「有意識」地關注體育方面的消息和新聞，遇到合適機會甚至還和男同事們一起去看球賽。

「現在有了共同話題後，和男同事相處容易多了；每次和他們閒聊的過程中，也會將自己在工作中的一些感受和他們進行溝通，我們之間的工作友誼也增進了不少」，小紅如是說。

五、低調處理內部衝突矛盾

在長時間的工作過程中，與同事產生一些小摩擦，那是很正常的；不過在處理這些問題的時候，要注意方法，儘量不要讓你們之間的摩擦公開激化。辦公場所也是公共場所，儘管同事之間會因工作而產生一些小摩擦，不過千萬要理性處理摩擦事件。不要表現出盛氣凌人的樣子，非要和同事做個了斷、分個勝負。退一步講，就算你有理，要是你得理不饒人的話，同事也會對你敬而遠之的，覺得你是個不給同事餘地、不給他人面子的人，以後也會在心中時刻提防你的，這樣你可能會失去一大批同事的支持，成為孤獨的人。

六、向你的同事求助

不輕易求人，這是對的。因為求人總會給別人帶來麻煩。但任何事物都是辯證的，有時求助別人反而能表明你對別人的信賴。你不願求人家，人家也就不好意思求你；你怕人家麻煩，人家就以為你也很怕麻煩。良好的人際關係是以互相幫助為前提的。因此，求助他人在一般情況下是可以的。當然，要講究分寸，儘量不要讓人家為難。

別和同事爭口邊的勝利

避免爭論可以節省你的大量時間與精力，使你投入到完善你的觀點和實踐你的觀點的工作中。

有甲和乙兩位先生，甲先生的性情非常固執，不肯認錯。有一天，他們兩人正在閒談，無意中談到了砒霜是一種有毒物質，而甲先生偏說沒毒，有時吃了還可以滋補身體。乙先生反對甲先生的主張。但甲先生越是受到乙先生的反對，越是要為自己的主張辯護。

結果，甲先生為使他的主張成立，對乙先生說：「你不相信嗎？那我們可以當場試驗，我來吃給你看，到底我吃了砒霜之後會不會死。」

乙先生到了這時候，深恐甲先生真的中毒而死，所以竭力說著砒霜有大毒，勸甲先生不要冒險。但乙先生越是勸他不要吃，他越是要吃給乙先生看。結果甲先生一命嗚呼。

甲先生死了之後，因為甲先生和乙先生本來是好友，所以乙先生就深自悔恨，說當時不該和他這樣地爭辯。甲先生的死，完全是因他而起的；因為當時如果乙先生承認自己的主張不對而同意了甲先生的主張，那麼這場人命案件便也不會鬧出來了。

在辦公室裡與人相處要友善，說話態度要和氣，不要與人爭個面紅耳赤，即使是有了一定的級別，也不能把自己的觀點強加於人。如果大家的意見不能夠統一，可以保留自己的意見，對於那些原則性並不很強的問題，也沒有必要爭得你死我活。

有些人喜歡爭論，一定要勝過別人才肯甘休。假如你實在愛好並擅長辯論，要發揮自己的辯才的話，可以用在與客戶的談判上。如果一味好辯逞強，會讓同事們對你敬而遠之，久而久之，你不知不覺就成了不受歡迎的人。

雖然是因為你用某某事件或理論來證明你的意見是正確的，你也透過爭論的手段達到了勝利的目的，而他也已啞口無言了，但你卻萬萬不可忽略了這一點：他不一定就能放棄他的思想來信奉你的主張。因為，他在心裡所感覺到的，已經不是誰對與誰錯的問題，而是他對於你駁倒他懷恨在心，因為他的自尊心掃地了。

這樣看來，你雖然得到了口邊的勝利，但和那位同事的關係卻從此疏遠了，甚至一刀兩斷。比較之下，你會不會覺得，當初真是有欠考慮，僅僅為了口邊的勝利，而得罪了一個同事——如果那位同事較小氣，說不定他正在伺機報復呢！

有些人在和同事翻臉之後，明知大錯已鑄成，也故作不後悔狀，還經常這樣認為：「這樣的同事不要也罷。」其實這樣對你又有什麼好處呢？並且，如果你損害了別人的尊嚴，對方可能從此記恨在心，說不定有一天他就會用某種方式還以顏色給你。

生活中常會遇到一些專愛與人作對的人。對於那些與你唱反調的人，你採取何種態度呢？通常，大多數人所採取的態度是——向對方展開反駁。事實上，這種反駁是沒有什麼用處的。你之所以會對他展開反駁，乃是欲使他持有與自己相同的意見。從道理上講，對於那些與你唱反調的人，你或許應該大規模地展開反駁，以便把他們駁倒。不過，即使你做到了這個地步，其效果又如何呢？

你必須冷靜思考的是你自己所希望的，而並非徹底地去擊敗他，使他投降；而是使對方同意你的看法、意見，使他的觀點與你一致。為了說服對方，改變他的意見及行為，必須冷靜地把事實指出給他看，與他從容地交談。當你與某人議論時，必須注意到一件事，那就是，在展開爭論時，切勿衝動地大嚷起來，或採取激烈的態度。

針對這個問題，美國耶魯大學的兩位教授進行了一項實驗。這兩位教授耗費了七年的時間，調查了種種爭論的實態。例如，店員之間的爭執，夫婦間的吵架，售貨員與顧客間的鬥嘴等，甚至還調查了聯合國的討論會。結果，他倆證明了凡是去攻擊對方的人，絕對無法在爭論方面獲勝。相反，能夠在尊重對方的人格方面動腦筋的人，則往往能夠改變對方的想法，甚至能夠按自己的想法操縱對方。

從這件事中，我們不難獲知：人們都有保護自己避免被他人攻擊的強烈衝動。當你對他人說「哪有那種荒謬透頂之事！」或者「你的思想有問題」之時，那個人為了保全自己的面子，以及守住自己的立場，定會緊緊地閉起他的心扉。因而，與人展開議論之時，總是以採取冷靜的態度為妙。

別人和你談話時，他根本沒有準備請你說教，若你自作聰明，拿出更高超的見解，對方絕對不會樂意接受。所以，你不可隨便擺出要教導別人的姿態。你的同事向你提出一個意見時，你若不能贊同，最低限度要表示可以考慮，但不可馬上反駁。要是你的朋友和你談天，你更要注意，太多的執拗會把一切有趣的生活變得乏味。遇到別人真的錯了，又不肯接受批評或勸告時，別急於求成，往後退一步，把時間延長些，隔一天或兩個星期再談吧！否則大家都固執，就不僅沒有進展，反而互相傷害感情，造成隔閡了。

許多人因為喜歡表示不同意見，而得罪了同事，所以常常有人認為不要輕易表示出不同意見。這種看法是很片面的，而且也是不老實的。只要你的辦法是正確的，向別人表示自己的不同意見，不但不會得罪人，而且有時還會大受歡迎，使人有「聽君一席話，勝讀十年書」之感。

避免僵局和爭論，是談話的藝術

沒有必要浪費太多的精力去做那種沒有結果也毫無意義的事情。少去了面紅耳赤的爭論，會使雙方互相尊重，因而增進情誼，有利於思想交流和意見的轉換。

認為自己的意見絕對正確，而把別人的意見看做是愚蠢幼稚、荒誕無稽的，那你就傷人了，而且傷得很厲害。因此，不應該在小節處爭論不休，即使你不同意對方的意見，你最好仍要表示對方意見中你所贊同的看法，以便緩和一下談話氣氛，使對方覺得你並不是抹殺別人的一切。無論你的意見和看法與對方的意見和看法距離多麼遙遠，衝突得多麼厲害，絕對不要表現出一種無可商量的態度。如果你是一個善於談話的人，你一定要小心地使談話不要陷入僵局，使談話能維持下去。

在說話時，為了讓別人有考慮的餘地，你要儘量緩和，最好能夠避免使用「絕對是這樣」的說法。你可以說：「有些時候是這樣的，有些時候是那樣的。」甚至你可以說：「大多數人都是這樣的，其效果比別人的那樣要好。」更重要的是，你不要用一種教訓人的聲調來說話，也不要用一種非常肯定的聲調來講話，以避免和別人爭論，使別人不高興，讓人難以接受。避免爭論，大致可以從以下幾方面做起：

一、歡迎不同的意見

當你與別人的意見始終不能統一的時候，這時就要求捨棄其中之一。人的腦力是有限的，有些方面不可能完全想到，因而別人的意見是從另外一個人的角度提出的，總有些可取之處，或者比自己的更好。這時你就應該冷靜地思考，或兩者互補，或擇其善者。如果採取的是別人的意見，就應該衷心感謝對方，因為有可能此意見使你避開了一個重大的錯誤，甚至奠定了你一生成功的基礎。

二、不要相信直覺

每個人都不願意聽到與自己不同的聲音。每當別人提出與你不同的意見，你的第一個反應是要自衛，為自己的意見進行辯護並去竭力地找根據，這完全沒有必要。這時你要平心靜氣地、公平、謹慎地對待兩種觀點（包括你自己的），並時刻提防你的直覺（防衛意識）對你做出正確抉擇的影響。值得一提的是，有的人脾氣不大好，聽不得反對意見，一聽見就會暴躁起來。這時就應控制自己的脾氣，讓別人陳述觀點，不然，就未免氣量太窄了。

三、耐心把話聽完

每次對方提出一個不同的觀點，不能只聽一點就開始發作了，要讓別人有說話的機會。一是尊重對方，二是讓自己更多地瞭解對方的觀點，好判斷此觀點是否可取，努力建立瞭解的橋梁，使雙方都完全知道對方的意思，不要弄巧成拙。否則的話，只會增加彼此溝通的障礙和困難，加深雙方的誤解。

四、仔細考慮反對者的意見

在聽完對方的話後，首先想的就是去找你同意的意見，看是否有相同之處。如果對方提出的觀點是正確的，則應放棄自己的觀點，而考慮採取他們的意見。一味地堅持己見，只會使自己處於尷尬境地。因為照此下去，你只會做錯。而到那時，給你提意見的人會對你說：「早就跟你說了，還那麼固執，知道誰是對的了吧！」這時，自己怎麼下臺？所以為避免出現這種情況，最好是給對方一點時間，把問題考慮清楚，而不要訴之於爭論。

建議當天稍後或第二天再交換意見。這使雙方都有時間把所有事實都考慮進去，才可能找出最好的方案。這時就應進行一下反思：「反對者的意見是完全對的，還是有部分是對的？他們的立場或理由是不是有道理？我的反應到底是有益於解決問題還是僅僅會減輕一些挫折感？我的反應會使我的反對者遠離我還是親近我？我的反應會不會提高別人對我的評價？我將會勝利還是失敗？如果我勝利了，我將要付出什麼樣的代價？如果我不說話，不同的意見就會消失了嗎？這個難題會不會是我的一次機會？」

五、真誠對待他人

如果對方的觀點是正確的，就應該積極地採納，並主動指出自己觀點的不足和錯誤的地方。這樣做了，有助於解除反對者的武裝，減少他們的防衛，同時也緩和了氣氛。要明白，對方既然表達了不同的意見，表明他對這件事情與你一樣的關心。因而不要把他們當做防衛的對象，不能因為提出了不同的意見就把他們當做「敵人」；反而應該感謝他們的關心和幫助。這樣，本來也許是反對你的人也會變成你的朋友。男高音歌唱家杰恩・皮爾斯結婚差不多有五十年之久了。

一次他說：「我太太和我在很久以前就訂下了協議，不論我們對對方如何的憤怒不滿，我們都一直遵守著這項協議。這項協議是，當一個人大吼的時候，另一個人就應該靜聽——因為當兩個人都大吼的時候，就沒有溝通可言了，有的只是噪音和震動。」

所以，當雙方都各執己見、觀點無法統一的時候，自己應該會掌握自己，把不同的看法先擱下來，等到雙方較冷靜的狀態時再辨明真偽。也許，等到你們平靜的時候，說不定會相顧大笑雙方各自的失態呢。

當你勝利的時候，你也應該表現出自己的大將風度，不應該計較剛才對方對你的態度。應該顧及對方的面子，可以給對方一杯茶，抑或是向他尋求一點小幫助，這樣往往可以令他重返愉快的心情。這樣才能與同事和諧相處。

同事之間，可同流不合汙

當職場中的現實衝擊到自己原則，是選擇做沉默的大多數，還是做力排眾議的少數派？也許，做一個「同流」而不「合汙」的人是更明智的選擇。

皓澤進某公司市場部不久，就發現在這個十來個人的部門裡，有一個三四人組成的小圈子。這幾個人工作相互之間特別默契，但對這個圈子外的人則多少有點不配合，有時甚至暗中排擠。部門經理有時也睜一隻眼閉一隻眼，而那個圈子的核心人物的無形影響似乎比經理還大。

這些天，那個圈子裡的馬大姐中午有事沒事跟他套關係，昨天問他父母是做什麼的，今天問他有沒有女朋友。當她知道皓澤現在還沒有女朋友時，馬上表示願意為他當「紅娘」。

皓澤知道馬大姐是想拉自己「下水」，成為他們那個圈子裡的人，他有些猶豫：如果自己不進他們那個小圈子，今後自己在工作中難免會遭到刁難；如果進入他們那個小圈子，自己又從心裡厭惡這種拉幫結夥的行為。他有點不知所措。

進入職場，突然被推到一群陌生的同事當中時，你可能也會像皓澤一樣，面臨這樣一個艱難的選擇：是保持自己的個性，還是儘快融入另外一個陌生的圈子？你可能會覺得與其跟一大幫無趣的人混在一起，還不如堅守自己的空間。於是，你堅持「三不原則」，即不和同事做朋友，不和同事說知心話，不和同事分享祕密。每天例行公事後，就埋頭看書，與同事的關係越來越疏遠，但是，你漸漸發現自己的工作越來越困難，雖然自己誰也沒得罪，可是一些負面評價老是左右陪伴著你。於是，你的職場人際關係開始陷入泥沼。

職場中，人際關係就像張漁網，缺了哪一方面都不行。要順利處理職場人際關係，我們就要學會融入一定的圈子。作為職場中人，你必須與周圍的小圈子「同流」，它畢竟是存在的，不管你喜不喜歡，它都會對你的工作產生影響。但在「同流」的情況下，你可以選擇不「合汙」。

得罪「紅人」，等於以卵擊石

千萬不要小看職場中的「紅人」，有時候，處理好與他（她）的關係，遠比你想像的要重要得多。

在職場中，時常見到老闆的身邊的「紅人」，他們或許是老闆的親戚、朋友，或許是老闆培植的心腹員工。有些人認為，在公司裡只要盡心盡力，取得業績，贏得老闆的賞識和歡心，加薪提升便指日可待了。那些老闆身邊的「紅人」，根本就不必不放在心上，他們認為沒必要認真地重視老闆的身邊的「紅人」，只要不得罪就行了，殊不知，這樣一來，讓自己走了不少彎路。

宏毅才剛滿三十歲，就已經是部門主管了，而且很有發展前途。一到各部門主管開會的時候，他總是先聽，然後才發表自己的意見，既中要害，又顯得謙虛，令人嘆服。

公司裡的老闆對他十分欣賞，對他提出的意見和建議十分重視。可是他對老闆十分恭敬之外，對老闆的得力助手──人事部的副總卻出人意料地親近。逢年過節，必然登門拜訪，且總要拎一點家鄉的特產。

大家覺得奇怪，老闆明明是一個很難得的有魄力、知人善任的人，但那副總明明是一個本事不大，心眼卻不少的人，他為什麼一個勁地對後者好呢？

於是有比較好的朋友去問他，他說，副總雖然沒多少業務方面的本事，但他的心眼都用在為人處世上，他不一定能起什麼好作用，但如果在背後給你起點消極作用，你也吃不消呀。我之所以和他那麼好，就是希望他不要在背後扯我後腿，那就謝天謝地了。那人事的副總對這個小夥子也很好，他經常向這位小夥子通報一些情況。兩個人處得還真不錯。

宏毅做得很對，很多老闆身邊的「紅人」，雖然沒有決策權，卻十分知情，對老闆有很大的影響力。在工作中，我們固然要認真做好本職工作，同時也要給「紅人」讓道，別讓自己不明不白地倒下。

小萍是公司老總的侄女，可能這位「王公貴族」仗著是老闆的親戚，很受老闆的重用，也可能喜歡炫耀，言語張狂，一副小人得志的模樣。公司的小李、小趙心中對她鄙視不已，渾身不舒服，有一次言語相抵，於是小趙就對小萍不滿，然後出言斥責：「妳算什麼東西，仗著有點裙帶關係就了不起了？」小萍懷恨在心，尋了一個小趙的不是，在老闆面前告倒了他。

像小萍這樣利用裙帶關係走進公司的人不勝枚舉，得罪他們的人，就可能被踩下去，在現代職場中這已經不是很稀奇的事。生活中我們已經形成了一種心理定式：那就是什麼人受人尊重，有能力，有學問，有頭腦，有良好的品德，我們跟他比較親近。而如果什麼人專門鬥心眼，一心鑽營，我們往往躲著他們，疏遠他們，結果是自己給自己設置絆腳石，只好不斷地走在艱難的謀職路上。

雖然，不可能每個人都會碰到被「紅人」踩下去的遭遇，但是，聰明人要一次為借鑒，懂得不要得罪老闆身邊的「紅人」，即使你有千般怨言，在口中也必須不吐一語，且要笑臉迎人，才能不會讓這些「紅人」對你有所成見。

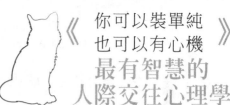

面對流言，離得越遠越好

「流言止於智者」，職場中儘量避免成為流言的對象，更不要做流言的幫兇。

流言蜚語，通常是人們在背地裡對他人望風捕影、不負責的議論。有人就難免會有流言的產生，辦公室裡也不例外。想不被流言擊中，首先要做的就是不要介入流言；如果你真的得知了老闆的祕密，千萬不能對任何同事講。如果自己被謠言利刃刺中，一定要保持冷靜，區別對待：與工作有關的謠言，可以在一定的場合裡當眾予以澄清；與個人有關的，最好不予理睬，有些事情解釋是徒勞的，不予理睬是最好的辦法，否則只能是越描越黑。

小西說部門經理看起來有點像劉德華，在小西與部門經理接觸的兩個小時之後，整個宣傳部都在傳小西暗戀「劉德華」。新經理也聽到了這樣的謠言，於是他將小西叫進了辦公室。

「請坐！」部門經理雖看起來不苟言笑卻很有禮貌。

「我剛進公司，一切對我來說很陌生，不過大家似乎很熱情。」他說到這裡意味深長地看了小西一眼，小西被他弄得有點糊塗。

「我想我有必要自我介紹得再清楚一些。我叫陳東昇，不叫劉德華。」

「陳經理，我……」小西剛想解釋，就被他打斷了。

「第二，」他這次看小西的眼神更加凝重，小西知道下一句一定不是好話。

「我有女朋友了，我們感情很好……」接下來他說什麼小西已經聽不下去了。

小西想解釋，卻再次被他沒頭沒腦地打斷：「我不想讓妳尷尬，這件事大家就當不知道吧！」

「什麼叫當不知道？我是被冤枉的啊！」半小時後，小西回答完畢，剛出部門經理辦公室的門，便看到同事小亞一臉狗仔衝鋒隊的架勢守在門口。

「怎麼樣，你們說什麼？怎麼這麼久？」她臉上的笑容十分詭祕。

想起剛才的尷尬，小西便沒好氣地說：「沒什麼，他只是問了我……」話沒說完，小亞便飛一樣地跑開了。

「怎麼了，今天所有人都不讓我講一句完整的話嗎？」回到辦公桌前，想到蒙受了不白之冤，真是有氣無處發洩，完全沒有一點心情再工作，小西索性趴在桌子上睡覺了。

後來才知道，她的一句「他只是問了我」被同事宣傳成了「他只是吻了我」，一字之差，可差的大了……

小西和經理都很無辜，是被冤枉的，但是沒辦法，辦公室流言有時就是這樣。或許沉默是個不錯的選擇，清者自清。生活中，與其說「流言」是由人捏造出來的，不如說是由人「信」出來的。信「流言」的壞處是：原本要好的一對反目成仇；原來並沒有什麼關係的人惡語相向。而不聽「流言」的好處就是耳根清淨、心情舒暢。職場中難免會碰到愛搬弄是非、散播流言之人，那麼，你若要保護自己的信譽，有些人搬弄是非的惡習已成為其性格特點，那麼你就乾脆不理睬他。

有時候，儘管你聽到關於自己的是非後感到憤慨，但是，表面上你必須努力控制自己的情緒，保持頭腦冷靜、清醒。如此，對方就會感到無空子可鑽，也就不會再來糾纏不休了。

雙贏雙利，一山能容二虎

單贏不是贏，只有雙贏雙利才是真正的贏。一個職業人在剛進入職場的時候，就應當力求這樣的結果。

和同事當朋友，已經成了新辦公室同事關係的一種趨勢。現代社會，競爭雖是無處不在，但同事之間十之八九是為了一個共同目標，更何況現在講的是雙贏。最簡單的，部門的效益上不去，誰也別妄想有升遷機會。

曉麗在競爭記者部主任一職時敗給了競爭對手翊晨，心裡很不是滋味。她擔心自己以後沒有好日子過，就想調離記者部去做專職編輯，可是又不甘心放下記者生涯，正在猶豫不決時，忽然得到一項重要任務：負責一個重大選題的採訪，並被任命為首席記者。

這就是記者部主任翊晨對待同事兼競爭對手的策略：「如果我不任命她為首席記者，不委以重任，部門裡就會形成以她和我為中心的兩個幫派。有了這樣一個對峙的小團體，工作還怎麼繼續？我的目標就是讓我這個部門做得更出色，取得更大的成績，而不是打擊我的對手。只有讓我這個部門的人同心協力，我才能做得更好，才能有更大的發展。所以我儘量對曉麗委以重任，給她一些重大且富有挑戰性的採訪任務，讓她有受到器重的感覺。何況她還是整個部裡最有實力的記者，工作能力很強，又有威望，處理得好，會成為我最得力的助手。」

果然，曉麗很快就對翊晨心服口服，忠心輔助翊晨，辦公室裡的向心力也大大增強。翊晨因此進入了事業上如魚得水的空間。

在職場中，與他人合作或者帶領一個團隊，若不給對方或下屬機會，對方得不到利益，會有幾個人願意與你合作呢？人要想使合作長久的繼續下去，學會讓對方利益共用。把同事當做阻擋前途的障礙，自己也難以在辦公室立足。對於在辦公室裡跟自己有競爭關係的人，不妨與之合作，如此一來，往往可以神奇般地化解彼此之間的敵意。

辦公室同事間是既合作又競爭的關係，其中，利益是合作最堅實的基礎。有句話叫「無利不起早」，蘊含著深刻的道理。合作是因為有利可圖，利益共用，雙贏爽利，大家才能和平共處，一起向前。

競爭再激烈，也不能占別人的功勞

職場中你所能做的、最招致非議且最具風險的行為，莫過於對別人的功勞據為己有。

追求工作成績，希望贏得老闆的好感，早日升遷等問題，使得同事間天然地存在著一種競爭關係。這在一些合資公司，特別是外商公司裡極為明顯。在競爭激烈的工作環境中，有些人喜歡把別人的功勞占為己有，到最後只能是既損人又不利己。

靜惠和玉欣兩個人在一家公司工作，平時關係相處得很不錯。年終，公司做了一場推廣企劃比賽，每個人都可以拿方案，優勝者有獎。靜惠覺得這是一個好機會。經過半個月的深入研究，加上平時對市場工作的觀察思考，靜惠很快做出了一個非常出色的企劃案。

提案截止日的最後一天，玉欣突然歎了一口氣說：「哎，靜惠，我還真有點緊張。妳幫我看看方案，提提意見。」靜惠連想都沒想就答應了。

玉欣的企劃很一般，沒有什麼創意，靜惠看完不好意思說什麼。玉欣用探究的目光盯著靜惠，說：「讓我也看看妳的方案吧。」

靜惠心裡一陣懊悔，可是自己剛才看了人家的，現在沒有理由不讓別人看。好在明天就要開會了，她想改也來不及了。

第二天開會，玉欣因為資歷老，按次序先發言。玉欣講述的方案跟靜惠的方案一模一樣，在講解時，她對老闆說：「很遺憾，我現在只能口頭講述自己的方案，因為電腦中毒，檔案被毀了，但我會儘快整理出書面資料。」

靜惠目瞪口呆，她沒想到玉欣搶自己的功勞，她不敢把自己的方案交上去，也不敢申訴，她資歷淺，怕老闆不相信自己，只好傷心地離開了這家公司。而玉欣的方案雖然獲得老闆的認可，但因為方案不是她自己的，因此有些細節她也不清楚，所以在執行方案時出一點漏洞，又無法及時修正，結果是失敗了。後來老闆得知這是別人的方案，就立刻炒了她魷魚。

混跡職場好比行走在沼澤地一樣，稍有不慎就會陷入泥坑裡。要知道同事之間的非常複雜，表面上大家一團和氣，內心裡卻可能各打各的算盤。其中，有兩種態度最容易損害同事關係：一是待人刻薄，二是熱衷於算計人，搶別人功勞。同一個單位裡，這樣的人越多，人際關係越複雜。搶別人的功勞，不論別人知道與否，搶來總歸不是光榮的。而且，當這種行為終將被揭穿，做人的信用也將蕩然無存，也會失去別人的尊重。

在工作中，一方面自己最好不要去搶佔別人的功勞，另一方面也要防範別人搶佔你的功勞。不要讓對手或同事們知道太多的有關你的情況，尤其是對於你並不十分瞭解的同事，最好還是有所保留。

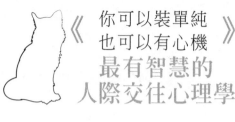

「和而不同」，君子不強人意

「和」即為尊重和接納，「不同」則為原則和堅持，職場之中，缺一不可。

《論語・子路》：「君子和而不同，小人同而不和。」「和」，和諧，調和，指不同性質的各種因素的和諧統一。「同」，相同，同類，同一。君子可以與他周圍的人保持和諧融洽的關係，但他對待任何事情都必須經過自己的獨立思考，從不願人云亦云，盲目附和；小人則沒有自己獨立的見解，只求與別人一致，不講求原則，與別人卻不能保持融洽的關係，這是在處事為人方面。

唐朝的武則天對於反對她掌權的人進行無情鎮壓，但她又十分重視任用賢才，經常派人到各地去物色人才，只要發現誰有才能，就不計較其門第出身、資格深淺，破格提拔，大膽任用。所以，在她的手下，湧現出一批有才能的大臣。其中最著名的是宰相狄仁傑。

狄仁傑當豫州刺史的時候，辦事公平，執法嚴明，受到當地百姓的稱讚。武則天聽說他有才能，把他調到京城當宰相。

一天，武則天召見他，告訴他說：「聽說你在豫州的時候，名聲很好，但是也有人在我面前揭你的短。你想知道他們是誰嗎？」

狄仁傑說：「別人說我不好，如果確是我的過錯，我應該改正；如果陛下弄清楚不是我的過錯，這是我的幸運。至於誰在背後說我的不是，我並不想知道。」

武則天聽了，覺得狄仁傑器量大，因而更加賞識他。在狄仁傑當宰相之前，有個將軍婁師德，曾經在武則天面前竭力推薦過他，但是狄仁傑並不知道這件事，他認為婁師德不過是普通武將，有些瞧不起他。

有一次，武則天故意問狄仁傑說：「你看婁師德這人怎麼樣？」

狄仁傑說：「婁師德作為將軍，小心謹慎守衛邊境，還不錯。至於有什麼才能，我就不知道了。」

武則天說：「你看婁師德是不是能發現人才？」

狄仁傑說：「我跟他一起工作過，沒聽說過他能發現人才。」

武則天微笑著說：「我能發現你，就是婁師德推薦的啊！」

狄仁傑聽了，十分感動，覺得婁師德為人厚道，自己不如他。

像婁師德這樣的人才算得上真的「和而不同」，他與狄仁傑性格不同，但是並未因此而對他有所看法，而是在承認對立差異的基礎上，把整體利益放在第一位。

「和而不同」是職場人際關係的理想狀態。職場中，人們往往因為「關係」而混淆是非。如朋友之間，出現了意見分歧，即使這種事關乎道義，很多人也選擇「打哈哈」糊弄過去，只要自己的利益不受損害，他們是不會抹開面子去為是非爭個臉紅脖子粗的，這其實正是一種對人對己都不負責的態度，如果因此導致別人或團體利益受損，則難免有同流合污之嫌。這是正人君子所不取的。對於意見相左的情況，不應當盲目地人云亦云，也不應將自己的意志強加於人。

合作需要人與人之間的平等，需要人與人之間的尊重。如果一味將自己看做是合作的主導者，將對方看做是「被恩賜者」，那麼勢必會不歡而散。職場中，與同事合作不是支配，而是在雙方平等關係下，為了同一個目標在共同努力的態勢。「和而不同」，懂得尊重他人，合作才能共贏。戰爭的至高境界是和平，競爭的至高境界是合作。二戰期間一次驚心動魄的「大逃亡」，可謂是合作的完美典範，此次活動任務之艱巨、涉及範圍之廣，令人難以想像。

在德國柏林東南部有一座德國戰俘營。為了逃脫納粹的魔爪，兩百五十多名戰俘準備越獄。在納粹的嚴密控制之下，實施越獄計畫，要求戰俘們進行最大限度的合作，才能確保成功。為此，他們明確地進行了分工。

這是一件非常複雜的事，首先要挖地道，而挖地道和隱藏地道則極為困難。

戰俘們一起設計地道，動工挖土，拆下床板木條支撐地道。處理新鮮泥土的方式更令人驚歎，他們用自製的風箱給地道通風吹乾泥土。修建了在坑道運土的軌道，製作了手推車，在狹窄的坑道裡鋪上了照明電線。所需的工具和材料之多令人難以置信，三千張床板、一千兩百五十根木條、兩千一百個籃子、七十一張長桌子、三千一百八十把刀、六十把鐵鍬、七百公尺繩子、兩千公尺電線，還有許多其他的東西。為了尋找和弄到這些東西，他們費盡了心思。此外，每個人還需要普通的衣服、納粹通行證和身分證，以及地圖、指南針和食品等一切可以用得上的東西。擔任此項任務的戰俘不斷弄來任何可能有用的東西，其他人則有步驟、持續賄賂甚至訛詐看守以得到東西。每個人都有各自的分工。做裁縫、做鐵匠、當扒手、偽造證件，他們日復一日的祕密工作，甚至組織了一些掩護隊，以吸引德國哨兵的注意力。此外，他們還要負責「安全問題」，德國人雇用了許多祕密看守，混入戰俘營，專門防止越獄，「安全」隊監視每個祕密看守，一有看守接近，就悄悄地發信號給其他戰俘、崗哨和工程隊隊員。由於眾人的密切合作，在一年多的時間內躲過了納粹的嚴密監視，他們成功地完成了這一切。

獨木難成林，眾人划槳開大船，一個人的能力再大，也不可能完成越獄的大工程。個人的力量是有限的，所以，我們要善於合作，單打獨鬥，剛愎自用的人前途將會暗淡無光。

贏家 36

你可以裝單純也可以有心機：最有智慧的人際交往心理學

編　著　周旻憲
出版者　大拓文化事業有限公司
執行編輯　林秀如
封面設計　林鈺恆
內文排版　姚恩涵

總經銷　永續圖書有限公司
劃撥帳號　18669219
地　址　22103 新北市汐止區大同路三段一九十四號九樓之一
TEL　(〇二)八六四七—三六六三
FAX　(〇二)八六四七—三六六〇
E-mail　yungjiuh@ms45.hinet.net
網　址　www.foreverbooks.com.tw
法律顧問　方圓法律事務所　涂成樞律師

出版日◇　二〇二〇年九月

國家圖書館出版品預行編目資料

你可以裝單純也可以有心機：最有智慧的人際交往心理學 / 周旻憲編著. -- 初版. -- 新北市：大拓文化, 民109.09　面；　公分. -- (贏家；36)

ISBN 978-986-411-122-0(平裝)

1.人際關係 2.人際傳播 3.溝通技巧

177.3　　109010127

謝謝您購買 你可以裝單純也可以有心機：最有智慧的人際交往心理學 這本書！

即日起，詳細填寫本卡各欄，對折免貼郵票寄回，我們每月將抽出一百名回函讀者寄出精美禮物，並享有生日當月購書優惠！

想知道更多更即時的消息，歡迎加入“永續圖書粉絲團”

您也可以利用以下傳真或是掃描圖檔寄回本公司信箱，謝謝。

傳真電話：（02）8647-3660　　信箱：yungjiuh@ms45.hinet.net

☺ 姓名：　□男 □女　□單身 □已婚

☺ 生日：　□非會員　□已是會員

☺ E-Mail：　電話：（ ）

☺ 地址：

☺ 學歷：□高中及以下 □專科或大學 □研究所以上 □其他

☺ 職業：□學生 □資訊 □製造 □行銷 □服務 □金融
□傳播 □公教 □軍警 □自由 □家管 □其他

☺ 您購買此書的原因：□書名 □作者 □內容 □封面 □其他

☺ 您購買此書地點：　金額：

☺ 建議改進：□內容 □封面 □版面設計 □其他

您的建議：

廣告回信
基隆郵局登記證
基隆廣字第 57 號

新北市汐止區大同路三段一九四號九樓之一

大拓文化事業有限公司收

請沿此虛線對折免貼郵票，以膠帶黏貼後寄回，謝謝！

想知道大拓文化的文字有何種魔力嗎？

- 請至鄰近各大書店洽詢選購。
- 永續圖書網，24小時訂購服務
  www.foreverbooks.com.tw
  免費加入會員，享有優惠折扣
- 郵政劃撥訂購：
  服務專線：(02)8647-3663
  郵政劃撥帳號：18669219